D0211809

Yo tuve un sueño

Juan Pablo Villalobos

Yo tuve un sueño

El viaje de los niños
centroamericanos a Estados Unidos

Epílogo y notas de Alberto Arce

EDITORIAL ANAGRAMA
BARCELONA

Este libro se escribió con el apoyo del Sistema Nacional de Creadores de Arte 2016-2019

Ilustración: © Cinta Fosch

Primera edición: septiembre 2018

Diseño de la colección: Julio Vivas y Estudio A

© Del mapa, Germán Andino, 2018

© Del epílogo, Alberto Arce, 2018

© Juan Pablo Villalobos, 2018

© EDITORIAL ANAGRAMA, S. A., 2018
  Pedró de la Creu, 58
  08034 Barcelona

ISBN: 978-84-339-2620-3
Depósito Legal: B. 16916-2018

Printed in Spain

Liberdúplex, S. L. U., ctra. BV 2249, km 7,4 - Polígono Torrentfondo
08791 Sant Llorenç d'Hortons

Yo tuve un sueño

Mexicali
Tucson
El Paso
Cd, Juárez
Altar
Hermosillo
Chihuahua
Sinaloa
Durango
MÉXICO
Nayarit

STADOS UNIDOS

a

San Antonio

o Laredo

Reynosa

Monterrey

Cd. Victoria

San Luis P.

to — Hidalgo

Cd. México — Orizaba

Tierra Blanca

Houston

Tabasco

Tenosique

BELICE

Ixtepec

Chiapas

GUATEMALA

HONDURAS

EL SALVADOR

ADVERTENCIA

Este es un libro de no ficción, aunque emplea técnicas narrativas de la ficción para proteger a los protagonistas. Todos los relatos se inspiran en los testimonios de diez menores recabados en entrevistas personales llevadas a cabo durante el mes de junio de 2016 en Nueva York y Los Ángeles.

Se han cambiado los nombres de los menores para preservar su anonimato.

¿DÓNDE ESTÁN TUS HIJOS?

Cuando el agente de migración me llamó por teléfono, me dijo:

–¿Tienes hijos?

–Sí –le dije–, tengo dos.

Eso fue a finales de febrero de 2014, en aquel entonces Kevin tenía dieciséis años y Nicole estaba chiquita, tenía diez años.

Y me pregunta:

–¿Dónde están?

–En Guatemala –le dije, porque yo ahí los tenía, los había dejado con su abuela cuando me vine a los Estados Unidos, en el 2007.

–¿Con quién viven? –me preguntó.

–Con mi hermana –le dije.

Vivían con mi hermana desde que a mi mamá la mataron. Sí, a mi mamá la mataron. La mataron en su casa. Los mareros* le pedían el impuesto que cobran en Guatemala. Mi mamá lo daba y lo daba hasta que un día se cansó y dijo que ya no lo iba a pagar. Y ellos se lo cobraron, con la vida de mi mamá. Mataron a mi mamá. La mataron en su casa. Y luego mataron a mi cuñado, al que mis hijos veían como si fuera su papá.

–¿Has hablado con tus hijos en los últimos días? –me preguntó el agente.

–No –le dije–, mi hermana me avisó que les había dado permiso, que salieron para una excursión.

–¿Una excursión?

–Sí –le dije–, una excursión de la escuela.

Se quedó callado un ratito y se alcanzaba a escuchar como que revisaba unos papeles. Entonces repitió el nombre de mis hijos y me preguntó si eran ellos. Le volví a decir que sí y se volvió a quedar en silencio otro momento.

–No –me dijo por fin–, tus hijos no están en Guatemala.

–¿Cómo? –le dije.

–Tus hijos están aquí –me dijo–, los tenemos aquí, en la frontera de San Ysidro.

* *Vid.* glosario en páginas 135-145.

VOY A DORMIR UN RATITO YO

No se puede saber muy bien qué hora es cuando estás en la hielera. Ni si es de noche o de día. La hielera es la celda a la que te meten después de que te agarra migración.* Le dicen hielera porque es un cuarto donde hace mucho frío y lo único que te dan para cubrirte es una cobija como metálica. Hace tanto frío que me están dando calambres en las piernas, aunque más bien los calambres han de ser por estar todo el tiempo parada. Cuando me encerraron ya no había espacio para poderme sentar, para poderme acostar a dormir, porque ya todas las muchachas estaban durmiendo acostadas en el piso y no había más lugar.

–Tch, oye, no te vayas a caer –me dice una de las muchachas.

—¿Cómo? —pregunto, porque no entendí qué quería decir y porque no vi quién fue la muchacha que dijo eso.

Hay muchas personas en esta celda, como sesenta u ochenta, todas muchachas como de mi edad, o hasta menores, también hay niñas. En esta hielera estamos divididos y solo hay muchachas, aunque yo estuve antes en otra hielera y ahí estábamos todos revueltos, hombres y mujeres, y tampoco había espacio para sentarse o acostarse porque estaba bien lleno, también había bastante gente ahí.

—Se te cerraron los ojos y te vas a quedar dormida parada —dice la muchacha que está acostada a mis pies.

Me froto los ojos para espantar el sueño y aprovecho que la muchacha se sienta para estirar las piernas a ver si se me quitan los calambres.

—Siéntate —me dice.

La obedezco antes de que se arrepienta. Sentada me duele la espalda, pero al menos puedo descansar las piernas. Me quedo de frente a la muchacha, morena como yo, con el pelo todo despeinado y sucio porque aquí no nos podemos bañar ni tan siquiera asear. Debe de tener la misma edad que yo, o cuando mucho quince años.

—Me despertó el hambre —me dice—, ¿tú no tienes hambre?

Le digo que no, que cuando tengo miedo se

16

me quita el hambre. Ahora pienso que en todos estos días, desde que salí de la casa de mis abuelos, he comido muy poco. Pasaron algunos días en que creo que ni comí, cuando íbamos en el autobús y no parábamos ni para comer. Luego en la casa donde estábamos esperando para cruzar la frontera me empaché, me enfermé, de comer esa comida mexicana.

–¿Faltará mucho para que traigan la comida? –me pregunta la muchacha.

Le digo que no sé, que yo llegué aquí apenas hace unas horas y que desde entonces no nos han dado de comer.

–¿Te agarraron ahora? –me dice.

–No –le digo–, me agarraron hace dos días, pero me mandaron primero a otro lugar.

–¿Qué les daban de comer allá? –me pregunta.

–Una cajita de leche y una manzana –le digo.

–¿Nada más?

–Nada más –le digo–, a la mañana y en el almuerzo y en la cena lo mismo. Eso es lo único que nos daban.

–Aquí nos dan un sándwich –dice–. Y un jugo. ¿Cuántos años tienes? –me pregunta.

–Catorce –le digo.

–Yo también –dice.

Por la manera de hablar ya vi que también es de El Salvador, aunque creo que es de la capital.

17

—Me llamo Kimberly —le digo.

—¿De qué parte eres? —me pregunta.

—De Ahuachapán —le digo—, ¿y tú?

—¿No quieres acostarte? —me dice—. Si quieres yo me quedo parada un rato para que puedas descansar. Pero al rato me dejas acostarme.

Se pone de pie y me hace la seña para que me acueste.

—Oye, muchacha, oye, me toca.

Abro los ojos y veo el techo de la hielera. La muchacha está agachada sacudiéndome de los hombros. Me levanto para sentarme y ella se acomoda sentada a mi lado.

—¿Cómo me dijiste que te llamabas? —me pregunta—. Perdóname, de tanta hambre que tengo se me olvidan las cosas.

—Kimberly —le digo—, pero me dicen Kim, si quieres dime Kim. ¿Dormí mucho? —le pregunto.

—No sé —dice—, aquí no hay manera de saber el tiempo, pero se me hizo largo porque ya me duelen las piernas.

Nos quedamos las dos calladas y yo trato de despertar para poder levantarme. Bostezo y la cabeza me da vueltas, como que me falta el aire. Estoy tan cansada que casi ni sé cuándo estoy despierta y cuándo dormida. La primera noche,

18

en la otra hielera, no dormí nada, después sí, por ratitos me quedaba dormida.

–La otra hielera donde estuve antes estaba peor –le digo para ganar tiempo, si nos ponemos a hablar a la mejor me puedo quedar otro rato sentada–. El lugar se había puesto como un basurero, porque aventaban los pedazos de manzana ahí mismo y no limpiaban ni nada. Y también tiraban los botes de leche. Además estaba enferma, me había dado una gripe bien fuerte. Estuve dos días allá, luego empezaron a llamar a la gente que iban a llevar a otra hielera. Me llamaron a mí y nos subieron a un bus y nos trajeron para acá.

–¿Tú crees que nos van a regresar? –me pregunta.

–¿Adónde? –le digo.

–Que si crees que nos van a deportar –dice.

–No sé –le digo.

Pero no le digo que la primera noche me la pasé llorando y me quería regresar a El Salvador, me acordaba de mis abuelos. Yo hasta decía que si me pedían firmar la deportación iba a decir que sí. Desde que crucé el río me agarró de llorar y llorar y estaba bien triste y pensaba: ¿qué ando haciendo aquí?

–Me acuerdo de un señor que se cayó al agua cuando cruzamos el río –le digo a la muchacha–.

19

Veníamos en la lancha, nos cruzaron y nos dijeron que teníamos que bajar ligero y salir corriendo para el otro lado. Y el señor no se podía bajar, aunque no estaba tan anciano, entonces lo bajaron y lo tiraron al agua. Se mojó todo y lo dejaron ahí. Nadie lo ayudó, porque no te puedes quedar mucho tiempo ahí en la orilla. Salimos corriendo, no nos dijeron adónde teníamos que ir, nos metimos como a una montaña, llena de árboles, no había camino, tenías que ir abriendo el camino. Estaba todo oscuro, nadie llevaba lámparas ni nada, nos dijeron que no teníamos que llevar nada. Éramos como treinta personas, había muchachas embarazadas, niños tiernitos, no encontrábamos la salida. Venía un niño llorando. Tuvimos que regresar y agarrar otro camino. Vi que una señora llevaba una botella de agua y le pregunté si me podía compartir y ella me negó el agua, me dijo que tenía que guardarla para ella. Eso no se me ha olvidado, que me negara el agua. A lo lejos vimos unas luces y caminamos hacia allá. La verdad, no tenía la menor idea de qué teníamos que hacer, para dónde teníamos que agarrar, nada. De repente apareció el carro. Era la policía.

–Voy a dormir un ratito yo –dice, y se empieza a estirar para que me levante.

Me pongo de pie y siento las piernas entumidas, o más bien no siento las piernas, es como si me hubieran cortado las piernas.

—Pero si traen los sándwiches me despiertas —dice.

—Oye, muchacha, me toca —le digo bajito a la muchacha, para no asustarla, pero no despierta.

Creo que han pasado unas dos horas desde que ella se acostó y otra vez tengo calambres en las piernas. En eso se abre la puerta de la celda y entra una señora con un carrito: son los sándwiches. Las muchachas se empiezan a levantar. Me agacho y le digo en el oído a la muchacha:

—Despiértate, nos van a dar de comer.

Agarramos un sándwich y un juguito y nos sentamos a almorzar. O a desayunar o a cenar. Quién sabe qué horas sean. El sándwich tiene una rebanada de jamón. El jugo es de naranja.

—¿Tú adónde querías llegar? —me pregunta la muchacha.

—Con mi mamá —le digo.

—Pero ¿adónde? —me dice.

—A Nueva York.

—¿Y con quién vivías allá en El Salvador?

—Vivía con mis abuelos de parte de mi mamá —le digo—, en Ahuachapán, también estuve un tiempo con mis abuelos de parte de mi papá, que

21

viven en San Salvador, pero antes de venirme estaba con mis abuelos de parte de mi mamá. Vivía con mi hermana la mayor y el varón pequeño.

–¿Y tu papá?

–Mi papá desde chiquita me abandonó, no tenía comunicación con él, nunca pasé tiempo con él. Mi mamá se separó de él desde que estaba embarazada de mí. Un tiempo me fui a vivir a San Salvador porque él también vivía ahí. Pero el tiempo que yo viví ahí él no me visitaba, no me llamaba para preguntar cómo estaba, solamente yo lo llamaba o iba donde él a visitarlo, porque si no iba yo no había comunicación. Y como yo todo el tiempo de tiernita estuve con mi abuela de parte de mi mamá, sentí el vacío cuando yo la dejé a ella, por eso quise regresar a vivir con ella. A veces me pongo a pensar que no me voy a criar con ninguno de mis papás y eso me da mucha tristeza. Porque mi mamá se vino a los Estados Unidos cuando yo tenía cuatro años. Ella es la que siempre me ayudó, mandaba dinero a mis abuelos para cuidarnos. Siempre estuvo pendiente. Pero casi ni me recuerdo de ella, porque cuando ella estaba en El Salvador yo estaba pequeña. A veces yo lloraba por eso, ¿por qué no puedo estar cerca de ella?

Me comí lo que me quedaba del sándwich pensando en mis abuelos y en cómo sería mi mamá. A veces quiero imaginármela, pero no sé cómo es ella. Si me la encontrara en la calle, yo creo que no la conocería.

—Lo más duro que me pasó fue dejar a mis abuelos —le digo—. ¿Y tú?

—Yo también quiero llegar con mi mamá —me dice.

—¿Y dónde está ella? —le pregunto.

—En Arizona —me responde, y se sacude las migajas de pan—. Si quieres dormir un ratito aprovecha ahora que tengo fuerzas. Al rato me va a volver a dar hambre.

Despierto cuando la muchacha me sacude de los hombros y me dice que me calme y que deje de gritar.

—Shhh, shhh —dice—, te tienes que calmar.

—¿Qué pasó? —le pregunto.

—Creo que tenías una pesadilla —me dice—, te pusiste a gritar. Además me toca, ya llevas un rato durmiendo y no aguanto más.

Me siento y le hago espacio para que ella pueda acomodarse. Recuerdo la pesadilla, la tengo presente porque la acabo de soñar.

—¿Qué soñabas? —dice la muchacha.

—En una cosa muy fea que me pasó en el camino —le digo—. En Reynosa, en la frontera. Estaba en una casa donde había muchas personas que venían para acá. Gente esperando. Cada día llegaba gente y otros se iban, porque no cabía tanta gente. Estábamos todos esperando para cruzar pero a mí me decían que mañana, mañana, y no me sacaban. Había colchones en el suelo y ahí dormíamos. Nos traían de comer burritos y yo me empaché, me enfermé, casi no comía. Había unas señoras mayores que me cuidaban, me decían que me quedara en medio de ellas, que no iban a dejar que me quedara en otro lugar, porque había muchos hombres. Pero hubo una noche en que una de ellas se levantó, no sé adónde se fue, y llegó un señor y se acostó ahí, como a la par mía. Y empezó a decirme cosas feas. Y se me acercaba como si anduviera buscando algo más, como si el hombre quisiera abusar de mí. Entonces yo desperté a una de las señoras y le conté lo que estaba pasando y ellas le hicieron problemas al hombre para que me dejara en paz. Y él se defendió y dijo que no estaba haciendo nada. Pero al día siguiente, cuando ya me tocó salir, vino conmigo y me dio un papel y me dijo que lo guardara. Me había anotado su teléfono. Yo arrugué el papel y lo tiré a la basura.

—Tuviste mucha suerte —me dice.

Le digo que sí con la cabeza y luego nos quedamos las dos calladas. Miro a las muchachas que están acostadas, enrolladas en las cobijas metálicas, ahora es cuando hace más frío, debe ser de madrugada.

—Mi tía me puso una inyección antes de que me viniera —dice de pronto la muchacha, como si lo hubiera estado pensando mucho tiempo—. Por si me pasaba algo, para que no me quedara embarazada.

Me espero a ver si dice algo más, pero no vuelve a decir nada y yo le entiendo muy bien de qué está hablando.

—Yo estudiaba en un colegio donde a la pared había una cárcel en la que tenían a los pandilleros —le digo—. Siempre que salía de la escuela estaban ahí esas personas. Eran personas que querían destruirnos. Querían que anduviéramos en malas cosas con ellos. Tienen costumbre de decirle cosas a las mujeres. Siempre que salía de la escuela ellos llegaban a esperar. Yo salía con mis amigas. Entonces nos decían de que fuéramos a cualquier lugar con ellos. A mí me lo dijeron muchas veces, pero no quise. Ahí hay muchos lugares solos donde ellos hacían sus cosas. Ahí era donde me invitaban. No queríamos ir. Y si nosotros no queríamos, nos amenazaban que nos iban a hacer algo. Por eso yo decidí no ir más al colegio, porque tenía miedo.

—En México nos paró de nuevo la policía —le digo a la muchacha.

Han pasado dos o tres días y ya tenemos más espacio en la hielera, porque a algunas de las muchachas se las llevaron. Al menos ya podemos acostarnos las dos o sentarnos o estirar las piernas o estar como queramos. A veces nos acostamos y mientras nos da sueño nos contamos cosas. Más bien soy yo la que le cuenta cosas a la muchacha, porque ella casi nunca me cuenta nada. Pero yo prefiero hablarle, porque si me quedo callada empiezo a pensar en mis abuelos. Y en mi mamá, en si ya habrán podido avisarle que estoy aquí encerrada.

—Ya nos habían parado varias veces —sigo diciendo—, cuando íbamos en el autobús. De repente, el autobús bajaba la velocidad y se detenía. Nos asomábamos por la ventana y veíamos a la policía: las camionetas y los hombres uniformados. A veces nos dormíamos y no nos decían nada. No nos despertaban. Quizá pensaban que éramos mexicanos. Otras veces nos bajaban y nos pedían documentos. Yo les enseñaba una partida de nacimiento y un carnet salvadoreño. Nos hacían preguntas sobre qué era lo que andábamos haciendo ahí y con quién veníamos. Entonces empezaban a pedir dinero. Un policía le decía a otro que nos bajara y que nos pusiera las esposas.

Hacían como que iban a llevarnos detenidos para asustarnos. Decían que si no les dábamos la cantidad de dinero que ellos pedían, que allí nos iban a regresar a nosotros. Que no nos iban a dejar pasar. Que nos iban a deportar. Les dábamos el dinero que traíamos y nos dejaban pasar.

En eso se escucha que abren la puerta de la celda y la muchacha se levanta casi de un salto.

–Nos van a dar de comer de nuevo –dice.

Pero nos dieron de comer hace muy poco, debe ser otra cosa. Entra en la hielera una oficial y nos dice que algunas muchachas van a ser trasladadas a una casa hogar en Phoenix. Dice que tiene una lista y que va a leer los nombres. Que las que no estén en la lista tienen que esperar ahí en la hielera. Empieza a leer los nombres y de pronto dice:

–Kimberly. –Y mi apellido.

Termina de leer y nos dice que las de la lista la acompañemos. La muchacha me dice que su nombre no estaba en la lista, que ella tiene que quedarse, y entonces me doy cuenta de que nunca me dijo cómo se llamaba.

–No me dijiste tu nombre –le digo.

–No importa –me dice, y me abraza.

EL OTRO LADO ES EL OTRO LADO

El gordo venía caminando todo sudado, haciéndose el que no se daba cuenta de nada, como si no supiera que acababa de cruzar del otro lado, pero claro que sabía, todos lo saben, no hay una sola persona en Ilopango que no sepa dónde está la divisoria, y por eso me puse alerta, pensé: ese algo anda tramando, ese seguro es un poste* de la Salvatrucha.[1]

Venía comiendo una bolsa de papas fritas, le eché que tendría unos quince o dieciséis años, ya estaba peludo como para hacerse el pendejo. Traía colgando una mochila de la espalda, venía todo elegante, su camiseta planchada y sus jeans

1. La Mara Salvatrucha o MS-13 es una de las pandillas más poderosas de la región.

29

nuevos, más me valía que mirara qué se traía en la mochila, por qué andaba así disfrazado. Atravesé la calle para alcanzarlo.

–¿Quihubo, cabrón? –le dije.

Volteó a verme de reojo, siguió caminando muy socado,* más despacio, pero no se detuvo. Yo por mí ya le hubiera enseñado ahí mismo la escuadra,* para que se le quitara lo socado, nadie puede andarse haciendo el que no oye cuando le habla uno de la 18,[1] si no fuera porque luego siempre me dicen que quién me autorizó, que quién me creo que soy para saltarme a los de arriba, que primero hay que mirar bien de quién se trata antes de sacar el fierro.*

–Ey, te estoy hablando, parate –le volví a decir, y lo agarré del brazo para que se detuviera.

Se paró sin voltear a mirarme y lo oí que respiraba pesado, se había puesto nervioso, ya sabía con quién estaba hablando y ya le andaban temblando las canillas.

–¿Tás sordo o qué? –le dije.

No dijo nada, nomás seguía resoplando como un caballo. Lo empujé del hombro y se fue contra la pared, sin resistirse. De la frente le escurría el sudor como si fuera una fuente.

–¿Adónde vas tan san vergón?* –le dije.

1. La pandilla Barrio 18.

Se limpió el sudor con un pañuelo doblado que sacó del bolsillo del pantalón y miró para todos lados antes de contestarme, como buscando a alguien. Para su mala suerte no había casi nadie en la calle y los que pasaban se iban rápido para no meterse en problemas. Todos saben que con los de la 18 nadie se mete así tan fácil para defender a un chivazo* cualquiera.

—Yo conozco al Yoni —me dijo cuando vio que no le quedaba remedio más que hablarme.

—Ah, no jodás, yo también lo conozco —le dije.

Hizo el intento de ponerse a caminar para irse, pero yo lo jalé del brazo y lo empujé de nuevo.

—Se me hace que sos poste de los Mierdas[1] —le dije.

Otra vez se quedó callado, sin decir nada, sin mirarme, mirando nomás hacia el final de la calle como si allá lejos fuera a encontrar a alguien que lo salvara. Este gordo lo único que sabía hacer era resoplar como caballo.

—¿Vos crees que no te vi que venías del otro lado? —le dije—. Del otro lado es de los Mierdas,

1. Los miembros de la pandilla Barrio 18 llaman «mierdas» a los miembros de la pandilla rival, la Mara Salvatrucha. Utilizan la misma letra y no mencionan el nombre completo como muestra de desprecio.

ni que no supieras, todo mundo lo sabe. ¿Adónde vas?

Sacó el pañuelo del bolsillo del pantalón y se secó otra vez la frente, eso le pasaba por estar tan gordo, seguro sudaba tanto por eso.

—Qué, ¿te vas a derretir? —le dije.

—El Yoni es mi amigo —me dijo el gordo de nuevo—, preguntale si querés.

—Loguá hacer —le dije—, pero primero decime adónde vas.

—Voy a mi casa —me dijo.

—¿Dónde vivís? —le pregunté.

—Aquí nomás a la vuelta —me dijo—, en el mesón.

—¿Y en qué andabas del otro lado, eh? —le dije—, se me hace que sos poste de los Mierdas.

—Fui a hacer un bolado* de la escuela —me dijo—, un bolado de grupo, el compañero con el que me tocó hacerlo vive allá. Si querés te enseño lo que traigo para que veás.

Se descolgó la mochila, abrió el zíper y me mostró que traía cuadernos, libros, cosas de estudiar. También traía otra bolsa de papas.

—¿Tu chero* no es de los Mierdas? —le dije.

—Yo solo fui a hacer el bolado —me dijo—, en serio, preguntale al Yoni, él me conoce bien, conoce a mi familia.

—Pues le voy a preguntar —le dije.

32

Iba a cerrar la mochila pero lo detuve antes.

–Dame las papas –le dije.

Agarré la bolsa de papas y llamé por el celular al Yoni. Cuando contestó se escuchó bien fuerte el sonido de la tele, seguro el Yoni estaba viendo una película con su jaina.*

–Yoni, hay un pedo acá –le dije–, ¿sí me oís?

El Yoni debe haberle puesto pausa a la película, porque el ruidero dejó de oírse y nomás escuché su voz que contestaba.

–Rápido, ¿qué pasa? –me dijo–, estoy ocupado.

–Uno que venía de donde los Mierdas y dice que te conoce –le dije.

–¿Quién es?

Le pregunté al gordo, que estaba otra vez secándose la frente y el cuello, cómo se llamaba.

–Santiago –me dijo–, decile que mi abuela tiene la tienda, allá en el mesón.

Le repetí al Yoni lo que me dijo.

–Traémelo para acá –me dijo el Yoni, y colgó.

–El Yoni te quiere decir hola –le dije al gordo.

Lo agarré del brazo y empecé a caminar. Se resistía y como estaba pesado era difícil obligarlo.

–Mi abuela me está esperando –me dijo–, tengo que ayudarla en la tienda.

–Eso se lo decís al Yoni –le dije–. Ahora vos caminale que si no vas a ver lo que te puede pasar. Ni que no supieras dónde vivís.

33

Saqué la escuadra y se la enseñé. Hizo como que no quería verla, pero bien que se puso a caminar de inmediato. Atravesamos las calles hasta llegar a donde el Yoni, mientras yo me comía las papas. Andaba muerto de hambre porque me había tocado postear desde temprano, llevaba desde las doce y ya eran casi las cinco.

El Yoni estaba con su jaina viendo la película a la que le había puesto pausa y se estaban comiendo unas pupusas.* Yo ya había visto esa película, era la historia de un niño que hablaba con los muertos. El Yoni le puso pausa cuando nos vio entrar y el gordo de inmediato se puso a acusarme.

—Este me quiere ahuevar* —le dijo al Yoni—, yo nomás vengo de hacer un bolado de la escuela, yo no tengo la culpa de que la profe me ponga a hacer un bolado con un compañero que vive donde las Letras.[1]

—Dijo que era tu chero, Yoni —le dije al Yoni—, pero venía directo de donde los Mierdas, lo vi venir de allá.

—Su abuelo era el dueño del mesón —le dijo el Yoni a su jaina—, aquí a la vuelta, una época mi

1. Las letras son la M y la S de la Mara Salvatrucha. Otra forma de referirse a la pandilla rival sin mencionar su nombre.

papá le rentaba un cuarto ahí, pero ahora ya no rentan cuartos, ¿no? –le preguntó al gordo.

–Ya no –dijo el gordo–, cuando mi abuelo se murió mi abuela decidió que el mesón fuera la casa de la familia.

–¿Y quién más vive ahí? –le preguntó el Yoni.

–Mi bisabuela, mi tía, mis tíos y mis primos –le contestó.

–¿No tenías un hermano?

–Sí.

–¿Cuántos años tiene? –le dijo–, Daniel se llama, ¿no?

–Diez –le contestó.

–¿Y tú?

–Quince.

–¿Tu nana* sigue en Estados Unidos? –le preguntó.

El gordo le dijo que sí, sacó otra vez el pañuelo del bolsillo del pantalón y se secó el sudor del cuello, de la cara y de la frente. El Yoni se lo quedó mirando, como riéndose, y le apretó la mano a su jaina para que ella también lo mirara.

–A tu abuela todo mundo la quiere aquí en el barrio –le dijo–, a tu abuela se la respeta, pero no deberías usar eso si no querés que la gente piense que sos maricón.

La jaina se rió a carcajadas y yo también. El

gordo hizo bolita el pañuelo y se lo metió de vuelta al bolsillo del pantalón.

—Estoy enfermo, Yoni —le dijo el gordo—, tengo un pedo del corazón, me llevaron al cardiólogo porque me canso mucho y me pongo a sudar.

—¿Tás jodiendo o es en serio? —le preguntó el Yoni.

El gordo le dijo que sí.

—Tengo grande el corazón —dijo—, más grande de lo normal.

—Sentate —le dijo el Yoni—, no te vayas a desmayar. —Y le señaló una silla.

—Tengo prisa —dijo el gordo—, mi abuela me está esperando, a mí me toca atender la tienda en la tarde y ya voy atrasado porque el bolado estaba difícil y luego este me paró.

El Yoni se levantó del sillón donde estaba sentado, dejó el plato de las pupusas en la mesa, caminó hasta donde estaba el gordo y lo sentó a empujones en la silla.

—¿Te pararon los Mierdas? —le preguntó.

—Paran a todos —le contestó, casi llorando.

—¿Y qué les dijiste? —le dijo.

—Nada —le respondió.

El Yoni chasqueó la lengua porque ya se estaba desesperando.

—¿Te vas a poner a chillar? —le dijo.

36

El gordo resopló fuerte, pero para adentro, como tragándose los mocos.

–¿Qué les dijiste? –le preguntó el Yoni de nuevo.

–Querían saber adónde iba y me acompañaron hasta la casa de mi chero –dijo el gordo–. Cuando vieron que sí era verdad que iba a hacer un bolado de la escuela se fueron.

–¿No me estás dando paja?* –le preguntó.

El gordo le dijo que no.

–¿Te acordás de Marco? –le dijo el Yoni–. Lo agarramos por andar con los Mierdas y ya sabes lo que le pasó.

En eso sonó el celular del Yoni y se metió a otro cuarto para que no lo escucháramos. El gordo aprovechó para limpiarse la frente con el pañuelo, estaba tan gordo que se desbordaba de la silla. Luego el Yoni volvió.

–Voy a necesitar que me guardes un bolado en el mesón –le dijo.

–No puedo –dijo el gordo.

–Allá en el mesón hay muchos cuartos –le dijo–, allá fijo encontrás un lugar seguro para guardarlo.

El gordo no dijo nada, ni lo miraba al Yoni mientras le hablaba, se quedaba viendo al suelo como si de ahí adentro fuera a salir alguien para rescatarlo.

—Es nada más por un rato —dijo el Yoni—, o hasta mañana.

—De verdad no puedo, Yoni —dijo el gordo—, si mi abuela se entera...

—No te estoy preguntando —lo interrumpió el Yoni—, me acaban de avisar que anda dando vueltas la tira.*

Se metió apresurado hacia el fondo de la casa y volvió con una bolsa blanca. Nomás entrar se olió lo que traía la bolsa adentro.

—Vos lo acompañás —me dijo el Yoni—, asegurate que la guarde, no la vaya a tirar en el camino.

Agarró la mochila del gordo, que estaba en el suelo, y sacó los cuadernos y libros que llevaba. Metió la bolsa dentro y cerró la mochila de vuelta.

—¿Qué es? —preguntó el gordo.

—¿Vos qué crees? —contestó el Yoni—. ¿Que no hueles? Se la das al Mecha cuando te la pida, hoy más tarde o mañana.

—¿A quién? —dijo el gordo.

—¡A este! —respondió el Yoni señalándome—, ¿necesitás que te lo presente? Váyanse ya, rápido, ya estuvo bueno.

El gordo no se levantaba de la silla. Miró de reojo al Yoni.

—¿Qué esperás? —le dijo el Yoni.

38

–Necesito mis chunches* de la escuela –contestó el gordo.

–El Mecha te los va a dar cuando le regresés la bolsa –dijo el Yoni.

El gordo se levantó y se colgó la mochila en la espalda. El Yoni le quitó la pausa a la película y se escuchó el grito de una persona. Era la mamá del niño que hablaba con los muertos, acababa de encontrarlo con los ojos en blanco hablando un idioma desconocido.

Salimos a la calle, parecía que iba a caer un vergazo* de agua, olía a la comida que estaba preparando la vecina y yo ni siquiera había almorzado.

–¿Dónde la voy a guardar? –me dijo el gordo mientras caminábamos.

–Eso lo sabrás vos –le dije–, ¿no dijo el Yoni que hay muchos cuartos ahí en el mesón?

–Pero están ocupados –me dijo.

–Pues en tu cuarto –le dije.

–Ahí duerme también mi hermano –dijo–, y mi tío, mi tío se va a dar cuenta.

–Ese no es mi rollo –le dije.

Dimos la vuelta en la esquina y caminamos hasta la mitad de la calle. La tienda estaba en la acera de enfrente, era una tienda donde vendían de todo, comida, bebidas, cosas para el aseo.

–Mejor que no te vaya a ver mi abuela –dijo el gordo.

39

Crucé la calle y me metí a la tienda. Una señora estaba detrás del mostrador mirando una tele que tenía ahí encima. Me vio como si el diablo hubiera entrado a la tienda. Agarré unas bolsas de papas y unas gaseosas, mientras el gordo saludaba a su abuela y le pedía perdón por haberse atrasado. De veras que el gordo era todo un maricón. Me salí de la tienda sin pagar y escuché que la abuela me gritaba, pero me seguí sin decirle nada.

Al día siguiente no fui a recoger la bolsa, porque el desvergue* con la tira andaba complicado. El Yoni decía que alguien lo había traicionado. Pasaron varios días en que todos anduvimos escondidos y luego el Yoni me mandó a que fuera por la bolsa. Me tuve que esperar un rato, porque en la tienda estaba la abuela y el gordo no se veía por ningún lado. Pero el gordo no llegaba, se iba haciendo de noche, entonces tuve que entrar a la tienda y preguntarle a la abuela.

–¿No está el Santiago? –le dije.

La abuela hizo como que yo no existiera, ni me contestó, ni volteó a verme, nomás se quedó mirando la tele que tenía encendida. Saqué el fierro y lo puse encima del mostrador, tapando la televisión, para que me hiciera caso. La abuela se dio la vuelta y caminó hacia una refrigeradora que estaba al fondo, alzó la mano y sacó la bolsa

40

de arriba. La aventó encima del mostrador, la agarré y me salí rápido para ir donde el Yoni.

–El gordo no estaba –le dije cuando le di la bolsa–, pero la bolsa me la dio la abuela.

El Yoni abrió la bolsa y contó las bolsitas que había adentro.

–¿Querés que vaya a buscarlo? –le pregunté al Yoni.

–Ese ya se fue para el otro lado –me dijo.

–¿Con los Mierdas? –le dije.

–El otro lado es el otro lado –me dijo–, a ese ya lo mandaron a Estados Unidos.

ALLÍ HAY CULEBRAS

Allí hay culebras, en el desierto, en la frontera de Sonoyta. Nos acercamos a la frontera, pero había muchos federales,* migración, entonces la cantidad de policía que había asustó a los guías y nos dejaron ahí, del lado mexicano. Yo me vine con un primo que tenía un año más que yo: yo tenía quince y él tenía dieciséis. Mi primo me dijo que ahora teníamos que esperarnos, que no habíamos hecho un camino tan largo para quedarnos ahí. Ya no éramos solo las quince personas que habíamos salido juntos de Guatemala, ya éramos más, veinte o más, había gente nueva de Honduras, de El Salvador, de México, y hasta había uno de Ecuador. Y no podíamos cruzar porque había mucha migración. Los agentes sabían que nosotros éramos migrantes, obvio, porque estábamos en el desierto, en la división de México y Estados Unidos. Cuando nos vieron que estábamos en el territorio de México no nos dijeron nada, pero nos miraban a lo lejos, se veía que no nos quitaban la mirada de encima, y allí también había culebras, en su mirada.

Estábamos en las montañas, en un cerro, y nos tocaba esperar sentados, buscar la sombra de los pocos árboles que había ahí o hacer sombras nosotros. Era el mes de mayo o junio, no me acuerdo muy bien, y hacía mucho calor y el sol era muy fuerte y nos quemaba. Y los guías decían que había que estar atento, que había que ver si había posibilidad de cruzar, de que migración esté distraída y por allí nos metan, esperar cualquier momento en que nos puedan traer y meter. Pero pasaba el tiempo y nada, solo el calor y el sol que quemaba y alguien dijo que allí había culebras, de esas peligrosas, de esas que durmiendo pueden venir y afectarte con el veneno. Era uno que ya había estado por allí, uno al que habían regresado y que decía que si te agarraba migración te metían en una celda donde nunca veías el sol, te daban de comer Burger King frías y a veces no hay ni espacio para dormir, hay que dormir sentado.

Mi primo decía que no le hiciera caso, que no nos iba a agarrar migración, que no habíamos hecho un camino tan largo, Chiapas, Hidalgo, Oaxaca, Guadalajara, para quedarnos ahí. Se hizo de noche y veíamos las luces de las camionetas allá, del otro lado de la frontera, y alguien dijo que allá no había culebras, que allá, comparado con nuestros pueblos, era supremamente diferente, muy sofisticado. Se puso oscuro y nos ganó el hambre y cada quien vio lo que traía para comer, latas de pescado, de jamón, de salchichas enlatadas. Y había que comer poquito y racionar, porque no sabíamos cuánto íbamos a tener que esperar, y los guías nos dijeron que ellos nos podían regresar a la casa donde habíamos estado antes de ir a la frontera, pero que entonces ellos ya no nos iban a cruzar.

Se vino la noche encima y yo tenía miedo y tristeza, me sentía muy alejado de mi familia, de mis hermanitos y de mi mamá, y sentía pena por mi papá, que lastimosamente es un alcohólico y por esa razón no puede ser tan responsable. Allí también hay culebras, en la cabeza de mi papá. Yo no podía dormir porque estaba preocupado, tenía que estar atento para ver si había la oportunidad de cruzar, y además había muchos ruidos en el desierto, cosas que se arrastraban y que yo creía que eran culebras, esas culebras que si te duermes vienen y te afectan con el veneno. Y además había coyotes, los veíamos de lejos, no se acercaban pero algunos decían que escucháramos y podríamos oír los aullidos de los coyotes.

45

Así se pasó la noche y luego el día, y luego otra noche, y mi primo me decía que nos teníamos que aguantar, que si ya habíamos aguantado tanto ahora no nos podíamos regresar, que ya sabíamos que lo más difícil iba a ser cruzar el desierto, más difícil que lo que hicimos en el tren. En Oaxaca nos tocó dormir en el tren, hicimos una parte del camino en el tren, que es muy peligroso. Íbamos hasta arriba, encima del tren, medio día y una noche, con peligro de que nos cayéramos, dicen que mucha gente ha muerto por venir en ese tren. Unas veces también dormíamos en el autobús, y otras veces nos tocó dormir alrededor del mar, en la playa, y en Chiapas nos tocó dormir alrededor del río, y a veces, como en el DF, dormíamos en hotel. Cuando estábamos en el DF yo salí a comprar algo de comida y había un grupo de personas en la calle, creo que eran Zetas,[1] y se enfrentaron a la policía, hubo un enfrentamiento en la misma calle, gente con armas, con culebras en el corazón. Y al tercer día en el desierto, en la frontera de Sonoyta, seguía habiendo muchos federales, migración, y me tocó una vez encontrar una culebra, encontramos una culebra, con las personas con las que yo estaba, pero afortunadamente la matamos. Dije-

1. Los Zetas son una organización criminal mexicana.

ron que tenía un veneno peligroso que te podía matar.

Mi primo no le tenía tanto miedo a las culebras y decía que no habíamos escapado de los mareros para morir por el veneno de una culebra. Y yo me acordé que algunos de las gangas* tenían tatuajes de culebras, culebras en los brazos, o en la espalda, o hasta en la cabeza o la panza. Hubo uno que era parte de una ganga que llegó a amenazarme que me haría daño, en la escuela, él se sentía como el rey porque estaba con la ganga y ahí es donde yo me sentí en peligro. Y todo por una poquita cosa. Yo estaba hablando con una compañera sobre un trabajo de la escuela y él pensó que yo estaba andando con su novia. Y con esa poquita cosa me quiere costar la vida. Me tuve que cambiar de escuela, pero aun así hubo un momento en que me persiguieron, después de que salí de la escuela me persiguieron y me querían matar, eso es lo que escuché, afortunadamente yo pude escapar, corriendo. Y yo fui a salvarme en uno de los autobuses que me llevaban de la escuela a la casa. Pero ya no me sentía seguro, tenía miedo de que me podían salir por tal esquina y que me podían matar. Ellos llevaban navajas, cuchillos, puede ser que tengan armas de fuego. Yo había escuchado que habían pegado a otros muchachos y fue ahí donde yo me preocupé, que podían hacerme algo malo a mí o a mi familia, porque allá puede pasar cualquier cosa, hay poca seguridad, esos pandilleros pueden hasta matar a toda la familia, y eso es lo que a mí me daba miedo.

Y tanto escapar para acabar en el desierto, en la frontera de Sonoyta, sin poder cruzar. Yo ya me había desesperado, por los días que llevábamos en el desierto, con tantas quemaduras en la piel y uno sin bañarse y sin una alimentación adecuada. Ya estaba desesperado y decía que lo mejor era entregarse y que me regresaran a mi país. Habíamos como diez muchachos que nos queríamos entregar. Entonces los guías nos dijeron que nosotros podíamos regresar o hacer lo que quisiéramos, que estábamos en nuestras manos, porque ellos ya no nos iban a cruzar. Pero uno que ya había cruzado una vez y lo habían detenido decía que nosotros no sabíamos cómo es una celda, esas celdas que les llaman hieleras. Que para personas como nosotros, que no habíamos experimentado eso, estar encerrado, sin ver el sol, era muy duro, que te tratan como a un preso. Entonces yo pensaba que prefería no ver el sol, porque hacía mucho calor en el desierto y el sol era muy fuerte, y que estar en la celda lo podía soportar, si hay mucha gente que viene con niños chiquitos, hay niños pequeños que se atreven a venirse acá, a cruzar el desierto que es muy difícil, hay niños que hasta vienen solos y mujeres embarazadas que están a punto de que nazcan sus hijos.

Pasaron cinco días en el desierto, en la frontera de Sonoyta, y yo le dije a mi primo que no aguantaba más, que me iba a entregar. Bajamos caminando de la montaña, hacia donde estaban los agentes de migración, y para ahuyentar a las culebras pensaba en un recuerdo de cuando era muy pequeñito y lo que más me gustaba ser era negociante y acompañar a mi papá en su trabajo. Me iba con mi papá a vender, cuando tenía cuatro años, antes de que empezara la escuela. Acompañaba a mi papá en su negocio, él era carpintero, y yo le ayudaba a vender cosas. Salíamos de casa caminando y era un día bonito, con sol, pero un sol normal y no este sol que me hacía quemaduras en el desierto. Él me agarraba de la mano y me llevaba con sus clientes y a mí lo que más me encantaba era estar con él.

Bajamos caminando de la montaña los diez muchachos y ahí es donde ya me tocó entregarme a migración. Nosotros les dijimos que nos devolvieran y así nos entregamos, cruzamos la frontera y ahí estaban ellos esperándonos. Nos subieron a unas camionetas para llevarnos a las hieleras.

Si regreso a mi país, yo presiento que me va a pasar algo malo.

ERA COMO ALGODÓN, PERO CUANDO LO TOQUÉ ERA PURO HIELO

Jueves 13 de marzo de 2014
La consejera me dijo que si me gustaba leer, que podía escribir un diario de los días que esté aquí en la casa hogar en Chicago. Me dio un cuaderno y una pluma azul y me pidió que anotara mi nombre en la primera página. Mi edad. Y de dónde era. No se te vaya a perder, me dijo. O para que si se te pierde sepan de quién es y te lo regresen. Se me quedó mirando callada, como esperando que yo hiciera algo. Creo que quería ver si yo en verdad sabía escribir. Abrí el cuaderno y me apoyé en la mesa. Escribí: Dylan, y mi apellido. Diez años. Chalatenango, El Salvador. Luego me dijo que le puedo enseñar lo que escriba o que me lo puedo guardar para mí. Que apunte todo lo que quiera, cómo me siento, las

51

cosas que me pasaron, lo que sea. Eso fue porque yo le dije que me gusta leer sobre las cosas del pasado. Historia. Pero no sé si me va a gustar escribir sobre mi historia. Aquí hay una pequeña biblioteca con algunos libros en español. Pedí prestado un libro con la historia de los aviones. Quién inventó los aviones. Los vuelos más importantes. Cosas así. También me gustan libros de los animales del océano, pero aquí no hay.

Yo nunca me había subido a un avión hasta que me sacaron de la hielera y me mandaron para acá. En la hielera, a las cinco de la mañana, nos llamaron por nombres y nos subieron a unos buses. Esos buses iban como si estuviéramos en una película. Como si fuéramos presos de máxima seguridad, con rejas en la ventana y todo. Solo faltaban las esposas. Íbamos las hembras adelante y los varones atrás.

Nos llevaron al aeropuerto, nos subieron en un avión y nos trajeron hasta acá. Era un avión de migración donde solo iban niños migrantes. El avión estaba lleno de niños. Las hembras adelante y los varones atrás. Era la primera vez que subíamos a un avión. Había niños como yo, de diez años, o de nueve u ocho. Y otros más grandes: de once, de catorce, hasta había algunos que parecían de dieciséis o diecisiete. Cuando el avión despegó todos gritamos. Unos de la emoción y otros del miedo. Igual al momento de aterrizar. Cuando esté grande tal vez pueda ser un piloto.

Sábado 15

Aquí en la casa hogar todos los días son más o menos igual. Nos levantamos, tomamos baño, nos dan clases de inglés, desayunamos, nos dejan jugar al futbol o al basquetbol, vemos películas, tomamos el lonche y a los que se portan mejor los dejan jugar a los videojuegos. A mí todavía no me toca jugar a los videojuegos, aunque no sé por qué. Podemos estar en el patio si queremos, pero hace mucho frío, muchísimo. Y eso que nos dieron unas chamarras gruesas. En el cuarto donde me toca dormir hay cuatro camas. En todos los cuartos hay cuatro camas. También tenemos que ayudar a hacer la cama y a llevar la ropa sucia a la lavandería.

Hoy me dejaron hablar por teléfono con mi mamá. Ella me dijo que me estuviera tranquilo, que iba a mandar los papeles que le pidieron para ver si podía irme con ella a Los Ángeles. Que iba a tardar unos días, porque tenía que juntar los papeles y enviarlos. Pero que me estuviera tranquilo, que no me preocupara, me dijo varias veces. Yo conozco muy bien la voz de mi mamá y sé que ella está preocupada. Se oía como que iba a ponerse a llorar. Su voz es lo único que conozco bien.

La voz de mi mamá la conozco desde chiquito, pero solo la voz, porque cuando ella se vino a los Estados Unidos yo nomás tenía seis meses. Quizá me dejen ir con ella si saben que no la conozco. Que solo conozco su voz. Eso no es normal.

En la tarde jugamos un partido de futbol. Los de El Salvador contra los de Guatemala. Ganamos cuatro a uno. Los de Guatemala son bien malos.

Domingo 16

En la mañana cuando me estaba cambiando la ropa, unos se fijaron en mí y me vieron las quemaduras. Me empezaron a preguntar qué me había pasado. Yo no quería contarles, porque no me gusta dar lástima. Pero me siguieron preguntando hasta que tuve que decirles. Todo eso pasó en la escuela, allá en Chalatenango. Había niños que me pegaban, me pegaban todos los días, por eso es que no me gustaba ir. Eran un año más grandes que yo. No sé por qué me pegaban, no me dijeron, solo me golpeaban. Yo iba a decirle a la maestra y los maestros no hacían caso, no hacían nada, era un problema. A otros amigos también les pegaban. A veces decíamos que tal vez tendríamos que protegernos, golpearlos, pero yo no quería eso, porque no quería salir lastimado. Tenía miedo. Tenía mucho miedo.

Yo iba a la escuela de siete de la mañana a doce. A las nueve teníamos recreo. Entonces un día estaba jugando a las escondidas en el recreo y cuando fui atrás a buscar a un amigo me estaban esperando. Eran cuatro. Traían un tubo caliente. Habían ido a calentarlo a la casa de uno de ellos, que vivía cerca de la escuela. Era un tubo de plástico, estaba derretido. Me agarraron y me lo pusieron en la mano. Luego en el brazo. Y en la espalda. Salí corriendo y me fui a mi casa. Mi abuelita me curó y me llevó al doctor. Me dieron una pomada para que me pusiera. Y una cura* grande. Mi abuelita estaba cansada de que me pegaran, me dijo que ya estaba cansada de que me hicieran tanto daño. Por eso me vine, porque ya ellos me hacían mucho daño.

Martes 18

En el patio estuve hablando con un muchacho más grande, de Guatemala. Debe tener como catorce o quince años. Acabábamos de almorzar y habíamos salido a las canchas para jugar, pero nos tocaba esperar porque había un partido de México contra Honduras.

El muchacho me contó que antes lo tuvieron en otra casa, y que en esa casa también había niñas y muchachas. Me lo dijo riéndose, yo creo que él ahí tenía una novia. Pero tenían ahí una

55

regla de que tenías que estar a un brazo de distancia de cada persona. A menos que estuvieras jugando algún deporte, si no no te podías sentar con alguien así tan cerca, a menos que estuvieras almorzando, porque pasaban los cuidadores para ver que no estuvieras haciendo algo incorrecto. Me dijo que había personas que se hacían novios ahí mismo, entonces era para evitar problemas. Y volvió a reírse, yo creo que él sí tenía una novia. Iba a preguntarle, pero me dio vergüenza.

Viernes 21

Hoy hacía muchísimo frío y nadie quería salir al patio. Todos querían quedarse a jugar adentro. A ver la tele. O a los videojuegos. Ayer y hoy me tocó jugar a los videojuegos. De pronto alguien vino corriendo y nos gritó que fuéramos rápido al patio, que viéramos lo que estaba pasando. Salimos todos corriendo. Afuera estaba cayendo nieve. Me quité los guantes y estiré las manos y levanté la cara al cielo. Pensé que era como algodón, pero cuando lo toqué era puro hielo.

Sábado 22

En la mañana jugamos a tirarnos bolas de nieve. Ya no estaba nevando, pero había caído mucha nieve y hacía tanto frío que no se derretía. Si te dejabas los guantes puestos, los guantes se mojaban. Si te los quitabas, la nieve estaba tan fría que las manos te dolían. Hasta parecía que la nieve quemaba.

Lunes 24

Nadie me dice nada y no sé cuánto tiempo me voy a tener que quedar. Aquí hay niños que llevan mucho tiempo, dos meses, ocho meses, hasta un año. Esos niños se ponen tristes y los demás los animan, les dicen que hay una esperanza de salir de aquí. También a cada persona que sale le dan ánimos, le dicen que le va a ir muy bien.

Yo no sé si me van a mandar con mi mamá a Los Ángeles o si me van a regresar con mi abuelita a El Salvador. Pero mi abuelita ya no me puede cuidar, porque mi abuelo está muy grave en el hospital. Eso me dijo mi abuelita y me dijo que me tenía que ir. Me subieron a un carro y yo no sabía para dónde iba. Era una camioneta donde nos llevaron a Guatemala, éramos como trece personas. Había adultos y había niños con sus familiares. De Guatemala nos llevaron a México en un autobús. No nos daban de comer, pero yo no tenía hambre porque estaba preocupado de qué estaba pasando. Tenía miedo. Tenía miedo porque no sabía lo que estaba pasando y no sabía dónde estábamos. Mi abuelita casi no me explicó. Yo solo escuché cuando mi abuelita hablaba con otra persona y le decía que le pedía a Dios para que yo no tuviera que caminar por el desierto. Y para que los Zetas no me agarraran en México, porque cuando los Zetas agarraban a los niños había que juntar dinero para pagarles.

Luego en México nos cambiaron de autobús para ir a Monterrey. Hasta Monterrey el bus no paró. Ahí nos llevaron a una casa, pero la casa estaba llena de mosquitos. Había más gente, más migrantes. En la casa, los varones dormían en la sala, en unos colchones en el suelo, y las mujeres en los cuartos. Nos daban de comer sándwiches y burritos. Un día llegó migración y nos tuvimos que esconder. A mí me tocó esconderme en un cuarto. El que abrió la puerta les dijo que ahí no había nadie y se fueron.

Después nos llevaron en taxi hasta otra casita, era pequeña. Luego nos llevaron al río en otra camioneta. Íbamos como unos diecisiete en unas camionetas para ir al río. Cruzamos en una balsa, una lancha de remar. Solo tenían dos lanchas para pasar a la gente, iban como siete en cada lancha. Yo fui de los segundos en cruzar. Estaba lloviendo, como serenando. Era de noche. Caminamos unos treinta minutos hasta que llegaron unas camionetas. Nos agarró migración. A todos nos agarraron.

Nos llevaron a donde estaba migración y nos encerraron en una hielera. Solo había muchachos, aunque solo había unos cuatro de mi edad. Ahí hablé con un oficial. Yo solo les dije mi nombre, pero ellos revisaron mis cosas y en mi mochila mi abuelita había puesto un papel con el teléfono de mi mamá y de una tía que también vive en los Estados Unidos. Tres días me quedé en la hielera.

Martes 25

La consejera me dijo que estaba muy bien lo que había escrito. Que era muy bueno que hubiera escrito lo de las quemaduras y de cuando me habían hecho daño. Que era muy valiente por eso. Me preguntó si quería contarle otra cosa de eso. Que a veces hablar sirve para sentirte mejor. Le dije que también me molestaban fuera de la escuela. Los de las pandillas. Eran varios. Altos. Usaban navajas. Me dijeron que si no me unía a ellos cuando tuviera diez años me iban a matar. También a mis amigos. Nos lo decían en la calle, después de la escuela. Nosotros teníamos miedo. Corríamos para protegernos. A mi prima también tuvieron que cambiarla de escuela, porque había muchachos que la molestaban.

Mi abuela decía que las maras han destruido al país, que lo han desorganizado todo. Que la gente abandona los cantones,* ciudades enteras, dejan sus granos, sus animales, para irse a otra parte. Y que la gente no tiene valor de hablar lo que está pasando en las comunidades. Que por eso me tenía que ir. Aunque era muy peligroso. Pero que el que no se arriesga nunca gana.

Miércoles 26
La consejera me dijo que mi caso estaba aprobado. Que en unos días podría irme con mi mamá, que me iban a mandar en un avión con ella.
(Perdimos al futbol con los de Honduras. Pero le ganamos a México en los penales.)

Viernes 28
Me despertaron en la madrugada y me dijeron que me levantara y que me bañara, me subieron a una camioneta y me llevaron en tren al aeropuerto de Chicago. Íbamos siete niños juntos. En el aeropuerto nos despedimos de unos. Dos que iban a Nueva York y otro que iba a Carolina. Los otros cuatro íbamos a Los Ángeles. El vuelo iba a salir a las siete y media de la mañana, pero se atrasó y no salía. De ahí la persona que nos acompañaba llamó a mi mamá para decirle que tenía que ir a recogerme al aeropuerto. Tardamos unas tres horas en llegar, sentí largo. Pero

60

era muy bonito subir al avión. Cuando llegamos corrí a la puerta y fue cuando vi a mi hermanito y mi mamá me reconoció.

Solo la abracé. La abracé. La abracé con mucha fuerza porque no la reconocía. Yo me la imaginaba más alta.

Mi padrastro nos llevó en el coche desde el aeropuerto hasta la casa donde íbamos a vivir. O donde yo iba a vivir ahora, porque ellos ya vivían ahí antes. Mi mamá y mi padrastro y mi hermano, que yo no conocía hasta ahora. Mi padrastro estacionó el carro enfrente de un edificio bien grande y dijo que ya habíamos llegado. Wow, dije, ¿todo esto es de mi mamá? Los tres se rieron a carcajadas. Qué ocurrencias tienes, Dylan, dijo mi mamá

Ellos nomás vivían en uno de los departamentos.

PREFIERO MORIRME EN EL CAMINO

El semáforo se puso en rojo y el hombre de la camioneta aprovechó la pausa para revisar el teléfono. Tenía la cabeza agachada, el cuello adolorido por haber repetido este gesto a lo largo del día una y otra vez. Ya iban a ser las siete, ya estaba oscuro. Los golpecitos en el cristal de la ventanilla lo trajeron de vuelta a la calle, era el tercero en la fila de coches delante del semáforo. Pensó que le habrían lavado el parabrisas sin darse cuenta y que ahora le estarían pidiendo dinero a cambio. Carajo. Pero no: el parabrisas seguía igual de sucio. Volvieron a golpear en la ventanilla, miró: eran dos chamacos, una niña y un muchacho. De manera automática, sin reflexionar, les hizo señas de que no, de que no iba a darles dinero, y volvió a concentrarse en el teléfono.

El semáforo continuaba en rojo y no pasaron ni dos segundos para que volviera a escuchar los golpeteos. Bajó la ventanilla casi furioso.

—¿Nos lleva? —dijo la niña, que era menor que el muchacho—. Podemos ir atrás, en la caja.

Los miró mientras el semáforo cambiaba a verde. No parecían niños de la calle, estaban sucios, la ropa medio desharrapada, pero no tenían el gesto de desolación de aquellos que ya entendieron que no tienen futuro: en sus rostros todavía había esperanza. El muchacho, al que le calculó que tendría quince o máximo dieciséis años, llevaba el brazo izquierdo enyesado. La niña no llegaría ni a los diez. Escuchó el sonido desesperado del claxon de los coches que se alineaban detrás y miró el espacio que se había abierto entre su camioneta y el cruce de las avenidas.

—¿Adónde van? —les dijo.

—A la frontera —contestó la niña, que aunque era menor parecía más habladora, quizá confiaba en causar lástima, quizá era la estrategia que usaban para conseguir ayuda.

—Eso está bien lejos —dijo el hombre—, son más de mil kilómetros.

—¿Usted sabe de un bus o algo que nos lleve para allá? —preguntó el muchacho.

El coche que estaba atrás encendió las luces

altas y empezó a pitar histéricamente el claxon, cada vez más fuerte y con más frecuencia.

–La gente es muy maleducada –dijo el hombre.

Abrió la puerta de golpe, los niños recularon para dejarlo pasar, y caminó hasta donde el conductor manoteaba para exigirle que moviera la camioneta. El hombre de la camioneta se reclinó en la ventanilla del conductor, un viejo con apariencia de burócrata o de profesor universitario.

–¿Que no ves que estoy ocupado? –le dijo.

–Estás estorbando, compadre –dijo el otro, pero no había acabado de decirlo cuando ya se había arrepentido, al descubrir la pistola que se asomaba desde el interior de la chamarra del hombre de la camioneta.

–¿Algún problema? –dijo el hombre mirando de reojo hacia adentro de su chamarra.

El tipo empezó a maniobrar para cambiar de carril.

–Ninguno –dijo–, perdona la molestia.

El hombre volvió a la camioneta. Los niños seguían parados al lado, esperándolo.

–Vámonos –les dijo–, yo los llevo.

–¿Adónde? –dijo el muchacho.

–Súbanse –dijo–, ¿no querían que los llevara?

La niña rodeó la camioneta sin consultar al muchacho, tenía miedo de que el hombre se arrepintiera. Llevaban todo el día caminando y la expectativa de sentarse y ganar kilómetros, en la dirección que fuera, le parecía una magnífica idea.

—Espérate —dijo el muchacho.

La niña ignoró el llamado y el muchacho se vio obligado a seguirla. Cuando la niña abrió la puerta, el muchacho la interrumpió e hizo el intento de adelantarse.

—Primero las damas, caballero —dijo el hombre de la camioneta.

El muchacho se acomodó en medio, al lado del hombre, y la niña cerró la puerta.

—Dije que las damas primero —dijo el hombre.

El muchacho no se movió.

—O se bajan entonces —amenazó el hombre.

La niña pasó por encima del muchacho y lo empujó para que se acomodara junto a la puerta.

—Así me gusta —dijo el hombre—, si les voy a hacer el favor lo mínimo es que sean agradecidos.

El semáforo había cambiado a rojo y el hombre aceleró para atravesar la avenida. Dos coches tuvieron que frenar en seco para evitar el choque.

—Se pasó el rojo —dijo el muchacho.

—Gracias por avisarme —le contestó el hombre.

Giró a la derecha en la siguiente calle, rumbo a las afueras.

—¿Se vinieron sin coyote? —les preguntó.

—No teníamos dinero —dijo la niña—, no nos alcanzaba.

—¿Cómo te llamas? —le preguntó.

—Nicole —dijo.

—¿Y tú? —le dijo al muchacho.

—Mi hermano se llama Kevin —dijo la niña.

—¿Salvadoreños?

—No, de Guatemala —dijo la niña.

—¿Y cómo le hicieron para llegar hasta acá? —les preguntó.

Otra vez fue la niña la que habló:

—Mi hermano me dijo un día: Nicole, ¿quieres ir a ver a tu mamá? Yo le dije que sí. Entonces él dijo que tenía que ahorrar dinero. Y comenzamos a ahorrar, solo que no nos alcanzó, ya se nos terminó el dinero.

—Nos venimos en camionetas y buses con los ahorros que juntamos —completó el muchacho.

—¿Y dónde está su mamá? —preguntó el hombre.

—En Los Ángeles —contestó la niña.

El hombre iba conduciendo con seguridad por una maraña de calles de lo que parecía una colonia industrial: fábricas, bodegas, terrenos baldíos, patios de distribuidoras donde había estacionados decenas de tráilers y camiones de carga.

—¿Aquí cómo se llama? —preguntó la niña.

—¿Cómo? —dijo el hombre.

—Sí —insistió la niña—, la ciudad donde estamos.

—¿No saben dónde estamos? —dijo el hombre.

Los niños guardaron silencio.

–¿Y así cómo le van a hacer para llegar?

–Le preguntamos a personas y a veces nos ayudan –dijo la niña–. A veces nos preguntan si tenemos hambre y nos dan burritos. Otras veces nos dan tacos.

–¿Y a ti qué te pasó en el brazo? –le preguntó el hombre al muchacho.

El muchacho se pasó la mano derecha por el yeso, pero no respondió nada.

–¿Qué? –dijo el hombre–, ¿te comieron la lengua los ratones?

–Se lo quebraron los mareros allá en Guatemala –dijo la niña–, lo golpearon en la calle cuando volvía de jugar pelota. Lo estaban amenazando para que se metiera a las pandillas y como no quiso le rompieron su brazo.

–¿Y con quién vivían allá en Guatemala? –preguntó el hombre.

–Con mi tía –dijo la niña–, primero vivíamos con mi abuela, cuando mi mamá se fue a Estados Unidos, pero luego a mi abuelita la mataron los mareros porque ya no quiso seguir pagando el impuesto que nos cobraban. Como teníamos unas tiendas los mareros creían que teníamos dinero, ellos siguen los negocios que creen que hay dinero, siguen a los comercios, siguen a los que trabajan, y les piden dinero. Mi mamá dice que atacan a la familia por una venganza de los mareros, que como ella también había huido querían terminar con todos. Mi mamá nos mandaba dinero de Estados Unidos y parte de ese dinero mi abuela tenía que dárselo a los mareros. Mi mamá trabajaba para pagarle a los pandilleros y por eso mi abuela se cansó y ya no quiso pagar y la mataron. Y también mataron a mi tío. Por eso mejor nos venimos, Kevin decía siempre que prefería morirse en México a que lo mataran en Guatemala. Siempre me decía: Nicole, prefiero morirme en el camino.

El muchacho le dio una patadita en el pie a la niña: si no le había dado un codazo antes, para que se callara, era porque se habría hecho daño en el brazo.

–¿Qué? –dijo la niña.

Salieron de la colonia industrial y tomaron una carretera. El muchacho alcanzó a ver lo que decía un letrero: Zacatecas 80 kilómetros.

–¿Adónde vamos? –volvió a preguntar.

El hombre encendió la radio.

–¿Te gusta la música? –le dijo a la niña.

Ella dijo que sí, que mucho.

–Escoge una estación –le dijo el hombre.

La niña eligió la tercera, donde tocaban música norteña, pero luego volvió a cambiarla hasta que encontró una canción en inglés. La carretera estaba desierta, muy de vez en cuando pasaban otros vehículos. En los alrededores no había nada, salvo alguna vulcanizadora y los restos de una gasolinera abandonada. El hombre iba esquivando con bastante acierto los baches, como si conociera de memoria el camino.

–¿La mamá de ustedes sabe que andan acá? –preguntó el hombre.

–No –respondió la niña–. Si le decíamos no nos iba a dejar venirnos. Ella dice que cruzar México es muy peligroso, que ella sufrió mucho cruzando México y que no quiere que nosotros suframos, que crucemos solos. Cuando le dijimos que queríamos irnos con ella nos dijo que mejor ella prefería regresar a Guatemala. Y ella no puede regresar, porque si regresa la matan.

–O sea que se escaparon –dijo el hombre.

–Un día mi hermano me dijo que le íbamos a pedir permiso a mi tía para ir a una excursión y que así nos íbamos a ir –dijo la niña–. Yo le dije: ¿y si mi tía no nos cree, Kevin? Pero Kevin decía que sí nos iba a creer, porque lo íbamos a hacer cuando hubiera una excursión de verdad en la escuela. Le íbamos a pedir permiso para la excursión pero nos íbamos a venir para acá. Así le hicimos, le pedimos permiso a mi tía, le dijimos que íbamos a una excursión y nos vinimos con los ahorros que juntamos, aunque ahora ya se nos acabó el dinero.

El hombre levantó el pie del acelerador, presionó el freno ligeramente y dirigió la camioneta hacia la orilla de la carretera. De la oscuridad absoluta surgió una brecha de tierra muy fina, como de talco, muy polvorosa. Las llantas de la camioneta levantaron de inmediato una nube que lo rodeaba todo. El camino no solo no estaba asfaltado, sino que en algunos tramos la camioneta tenía que abrirse paso entre los arbustos y los huizaches.

—¿Adónde vamos? —volvió a decir el muchacho.

—¿Tú no sabes decir otra cosa? —dijo el hombre—. Por aquí vamos a llegar más rápido.

El hombre sostuvo el volante con fuerza, presionó el acelerador y la camioneta se perdió en la noche mexicana.

ÉL Y YO NOS CAÍMOS MUY BIEN

—¿Ya viste cómo se nos quedan viendo?
—Ya han de estar sospechando.

En mi isla yo me dedicaba al estudio, solo iba del estudio a la casa y de la casa al estudio, después yo tomé la decisión, cuando me gradué de noveno grado,[1] de emigrar a los Estados Unidos. Yo vivía con mi abuela, un tío, que era hermano de mi papá, y mi hermana menor.

Mi mamá es de Honduras y mi papá es de El Salvador, pero mi mamá, cuando yo tenía la edad de catorce años, me abandonó y decidió

---

1. Según el sistema educativo salvadoreño, un estudiante que no haya perdido ningún curso terminaría noveno grado a los catorce o quince años.

hacer su vida con otra persona. Ella se fue a su país y nos quedamos solos, luego se murió mi abuela y nos quedamos más solos.

Mi papá se fue a los Estados Unidos en el 2007, por la situación del trabajo, para poder mantenernos a nosotros, tuvo que irse para darnos una mejor vida. Él siempre estuvo pendiente de mí y de mi hermana. También de mi mamá, hasta que ella decidió irse con otra persona.

—¿Cómo te llamas?
—César, ¿y tú?
—Miguel Ángel.

En la isla donde yo vivía todos se conocen, es un lugar pequeño, viven como unas quinientas personas y todos se saludan y hablan entre ellos cuando salen al campo, cuando van a la playa. Cuando yo estaba allá, los que eran mis amigos me mostraban sus puños, diciendo que querían pegarme, pero yo lo que trataba era de alejarme. Ellos me gritaban en la calle que yo era una persona que no debería de existir. Ellos me mostraban sus puños, pero yo trataba de evadirlos para no llegar a algo más serio.

—Mejor que no lo sepan.
—Pero ellos no nos están así discriminando.
—De todas maneras es mejor que no lo sepan.

Lo descubrí a los catorce años, cuando mi mamá me abandonó, a mí y a mi hermana, ahí me sentí más solo, y cuando me sentí solo necesitaba a alguien que me diera cariño y entonces descubrí que era gay.

—¿Cuántos años tienes?
—Diecinueve, ¿y tú?
—Diecisiete.

De lunes a viernes iba a la escuela. A veces los sábados yo iba a ver jugar, pero cuando iba a ver jugar los chicos que estaban a mi lado siempre estaban haciendo especulaciones, haciendo como indirectas, diciendo cosas así como «ahí está el maricón» y como riéndose de mi orientación sexual. Yo ya no me relacionaba con ellos, como ellos me decían esas cosas para mí ya no eran mis amigos, no formaban parte de una amistad, porque una persona que trata mal a otra eso no es ser amigo.

Yo me sentía bien conmigo mismo y todavía me siento así. Conmigo no hubo ningún problema, yo me acepto como soy. Pero cuando otros me molestaban sí me afectaba, porque dañaba mi dignidad.

—¿No tienes miedo de que te pueda pasar algo?
—Tengo miedo de México, es el país más peligroso por los cárteles y esas cosas.

75

En la escuela me iba muy bien, por una parte, porque sacaba buenas notas, y por otra parte no me iba bien, porque los chicos me molestaban por mi orientación sexual, me gritaban cosas fuertes, cuando jugábamos basquetbol ellos decían que ese juego era para maricones, y que el futbol era para hombres, pero que el basquetbol no era para hombres, sino que era para maricones.

Eso comenzó desde que ellos vieron que yo platicaba con una persona que era mi novio y entonces ellos sospechaban de que él y yo teníamos algunas cosas, aunque nosotros no estábamos así, como besándonos, ellos sospechaban que nosotros teníamos algo y que éramos novios. Entonces ellos decían que yo era maricón, me decían cosas malas, me gritaban cuando me veían en la calle: ¡maricón! Ellos me trataban siempre así.

—¿Tú por qué te decidiste a venir?
—Porque allá donde vivía no se puede ser como yo soy.

Yo iba a una playa solo, pero es una playa que no anda mucha gente, una playa solitaria. Yo iba solo a caminar, porque no estaba juntándome con personas, por la misma situación, porque ellos me trataban mal. No iba con mi familia a la playa, porque tampoco con mi familia estaba bien, porque mi familia escuchaba comentarios y ellos me juzgaban, se estaban alejando de mí, yo no encontraba ayuda ni protección de mi familia o amigos.

Mi familia estaba sospechando y me decían cosas malas. Mi hermana le decía a mi tío que yo podía tener novio y entonces mi tío le creía todo a mi hermana y llegaba a regañarme, diciéndome cosas malas. Me decía que en su casa no quería un maricón.

—¿Y adónde quieres llegar?
—A Nueva York, con mi papá.
—¿Él sabe que eres...?
—No, no se lo he dicho, porque no sé qué pasaría.

Un tiempo yo estuve estudiando en la ciudad, porque en la isla no se podía estudiar bachillerato, entonces tenía que ir los miércoles y los viernes a la costa, a hacer el bachillerato virtual, en ese entonces no había acceso a computadoras en la isla. Ahí en la ciudad unas personas malas me amenazaron, me vieron y me dijeron que no me querían volver a ver pasar por ahí, porque me iban a hacer algo. Estoy seguro de que identificaron mi orientación sexual. En mi país nadie está aceptando a las personas gays.

En la ciudad hay muchas pandillas, la Mara Salvatrucha y la 18, viendo quién quiere contribuir a hacer maldades, y si te niegas te dicen que te van a matar. O ni te dicen y van y te matan. O a veces piden renta.

Si eres gay, ellos te molestan todavía más, a los gays los violan y los matan.

—¿Tú crees que allá no sea igual?
—Creo que va a ser diferente, yo no quiero ser discriminado, porque en la isla todo el tiempo me gritaban de lejos, me silbaban, me trataban mal y me bajaban la moral.
—Ojalá que allá no sea igual.
—Yo estoy seguro de que no me van a tratar así.

Yo le dije a mi papá que me quería ir a los Estados Unidos con él, pero no le di a conocer el motivo. Mi papá no está sabiendo y él tampoco aceptaría que yo le dijera: «Papá, soy gay.» Porque él tampoco quiere a las personas así, está como en oposición a las personas gays. Por eso yo nunca le dije que era gay.

Mi papá siempre estuvo al pendiente de mí, nos mandaba dinero, pero esa situación de mi orientación sexual él nunca la ha sabido. Mi tío tampoco le dijo nada, pero sí tenía el concepto de que yo era gay.

–¿Tú sientes algo por mí?

Ya cuando estaba en Estados Unidos un primo me estaba mandando mensajes, diciendo que yo le caía mal por ser gay, y entonces me dijo que si me deportaban me iba a pasar algo, porque él es pandillero. Yo tenía mucho miedo, y todavía tengo miedo, de que si vuelvo me haga daño. Él es de la mara 18 y entonces tengo miedo de que me pueda hacer algo a mí.

–Si me hubiera quedado hubiera sido un riesgo, estaría estudiando y sería peligroso.
–¿Qué te gustaría estudiar?
–Quiero estudiar periodismo.

Durante el viaje yo conocí a una persona de mi mismo país, se llamaba César. Él y yo nos caímos muy bien. Nos conocimos, nos agradamos, voy a ser específico: nosotros tuvimos cosas que ver entre él y yo. Él me gustó mucho a mí y yo le gusté a él.

Hicimos el viaje con diez personas, ocho hombres y dos mujeres, entre ellos un niño de seis años que iba con su mamá. Ellos nos veían y se estaban riendo y como sospechando, pero no nos discriminaban, no me estaban molestando. Ellos eran respetuosos.

Él y yo todavía hablamos a veces, pero él está en California y yo en Nueva York. Y cuando hablamos hay momentos en los que llegamos a tocar esos temas. Le digo que si se acuerda de mí y dice que sí.

Sabemos que eso queda en el recuerdo.

—¿A veces te acuerdas de mí?
—Sí.

CÓMO NOS ÍBAMOS A IR

La despedida

Ese día en la mañana mi hermano y yo nos levantamos muy temprano. Fuimos a la iglesia, porque nosotros vamos a la iglesia, y el padre era muy amigo de nosotros. Fuimos a que nos diera la bendición, a pedirle que orara por nosotros. Yo estaba un poquito con miedo de que me pudiera pasar algo en el camino. Lo que más me daba miedo era México. Las cosas de los cárteles, cosas así. Antes de que nosotros nos fuéramos, el primo de un compañero se había ido y había tardado como dos meses en el camino, porque estaba en la ciudad de los Zetas, los cárteles estaban muy fuertes, entonces los tuvieron que refugiar en una casa y ahí estuvieron mucho tiempo. Por eso quisimos ir con el padre, pero el padre estaba dando misa y solo le dejamos el recado de que ya nos íbamos y de que orara por nosotros.

Luego mi tío, como tiene un carro, nos llevó a la frontera. Salimos a las ocho de la mañana y estábamos en la frontera como a las diez. A las diez nos paramos en el lugar exacto que nos habían dicho, ahí pasaba un bus que llevaba exactamente a la frontera con Guatemala, porque no habíamos llegado exactamente a la frontera. Nos despedimos de todos ahí, de mi tío, de mi abuela, de mi otra tía, de la esposa de mi tío y de nuestra primita, que nos habían acompañado. Yo llevaba a mi primita en las piernas y ella no me quería dejar ir. Yo nada más le dije: espérame, voy a ir a comprar pupusas.

No te vas a quedar aquí

Nos dijeron que nos subiéramos a tal bus y que nos bajáramos en tal lugar y que ahí nos iban a estar esperando unas personas. Entonces fuimos en el autobús, nosotros dos solos, esperamos hasta la última parada, todavía en El Salvador, y cuando nos bajamos nos estaban esperando dos personas en bicicleta. Después nosotros caminamos, ellos iban adelante y nosotros íbamos atrás, como a unos cinco metros de distancia, solo se paraban para ver si no nos habíamos perdido. Después uno se paró y nos esperó y nos pidió todo el dinero que traíamos, nos dijo que lo iba a cruzar él con seguridad por otra parte. Nos fuimos con el otro y llegamos a un punto del río, en la frontera con Guatemala. Nos dijo que íbamos a pasar el río y según yo lo íbamos a pasar en bote o en algo, pero no, lo tuvimos que pasar caminando, el agua me llegaba como a la mitad del cuerpo, a mi hermano casi igual, porque casi somos de la misma estatura. Nos tuvimos que quitar el pantalón, los zapatos, solo íbamos con el bóxer y la camisa. Estábamos solos, solos, solos, en esa parte del río. Solo íbamos nosotros y el que nos acompañaba. Había unos señores que estaban sacando arena del río, pero no nos dijeron nada.

Pasamos caminando y la corriente estaba un poco fuerte y las piedras del fondo estaban muy lisas, entonces yo iba con cuidado y el otro, mi hermano, se resbala. Yo le dije: no, vamos empezando, no te vas a quedar aquí. Y lo jalamos. Después, llegamos a la otra parte, ya de Guatemala. Allá nos pusimos la ropa, todo, pero nomás dimos como cinco pasos, ni dos pasos dimos para entrar a Guatemala, y ya nos estaba esperando un guatemalteco con un pasamontañas y con una cuchilla. Nos dijo que le diéramos todo lo que llevábamos. Nosotros no escuchamos bien, entonces el que nos llevaba le dijo: yo soy de acá, de acá, de acá, de acá, entonces va a haber problemas. Yo no le entendí bien, porque habló muy rápido. Al final, él solo le dio veinte dólares y nos fuimos.

Caminamos como unos quince minutos y llegamos a un camino de tierra y el otro, del que nos habíamos separado, ya estaba esperándonos. Dijo que le habían robado el dinero que le habíamos dado, que había sido otro guatemalteco, que lo habían agarrado por el otro lado también y había tenido que darle el dinero.

Después de eso nos subimos al bus que nos iba a llevar a la terminal de Guatemala y pasamos como desde las once hasta las siete de la tarde en el bus.

Entonces llegamos a la capital.

Todas las personas que van a cruzar

Ahí esperamos hasta las doce de la noche. Ahí nos reunimos con otras dos personas que venían. Con una muchacha y su novio. Ahí ya todos salimos en el bus como a las doce, a la frontera de México. Llegamos ahí a las seis de la mañana, al punto de buses, y ahí nos estaba esperando un carro. Nos llevaron a un hotel y ahí agarramos un microbús que nos llevó a una parte donde hay bastantes hoteles a la orilla del río y ahí llegan todas las personas que van a cruzar.

84

No son hoteles, son viviendas que como que han puesto comedor. Entonces todas las personas llegan ahí, comen, esperan un poco, y ahí sale un viaje. Ahí llega otro viaje y ahí sale.

Nosotros llegamos ahí como a las ocho de la mañana. Nos esperamos, nos dieron de comer y salimos a las diez.

Ahí había cocodrilos

Salimos en una lancha para cruzar el río y llegar a México, íbamos como veinte personas e iba entrando un poquito de agua. Duramos dos horas y media para llegar de un punto a otro punto. No pasamos el río recto, en parte porque ahí había cocodrilos y además había otros retenes. Unos ya habían pasado antes y se metieron a ver si había retenes. En ese río había rápidos, entonces nos dijeron que nos pusiéramos todos en la parte de atrás y nos pusimos todos atrás y la lancha se levantó. Iba saltando y nosotros nomás decíamos: ay ay ay ay ay. Ahí sí nos mareamos. Teníamos miedo porque era la primera vez que íbamos en lancha y había cocodrilos. Había como cinco aquí, cinco allá, y algunos iban como si fuera excursión: ah, mira, ahí hay otro, ahí hay otro, ahí hay un mono.

Pasamos a una parte a recoger combustible, no nos detuvimos, solo pasamos despacio y nos dieron el combustible, uno de los que iban en la conducción de la lancha se tuvo que bajar y casi se lo come un cocodrilo, pero le gritamos al cocodrilo y le tiramos una piedra y no lo agarró, se salvó. Después de eso llegamos al punto donde nos íbamos a bajar.

Rápido y callados
Caminamos como quince minutos para adentro, o más. Ya en México. Nosotros íbamos con bastante miedo. Llegamos a unas casas donde nos estaban esperando unos carros, así con láminas, unas pick-ups. Nos metieron ahí y todos íbamos ahí, sentados, para que las láminas nos taparan y no se mirara que llevaban nada. Después de eso nos llevaron a una casa, de palos y cemento. Vivían ahí como cinco personas, nos dieron de comer, dormimos, hacía bastante frío, y eran como indígenas. Solo uno hablaba nuestra lengua. De cinco solo uno. El novio de la muchacha y yo dormimos en el suelo. A mi hermano le dieron una hamaca y durmió con la muchacha. Andábamos con un suéter, pero igual daba mucho frío.

A las tres de la mañana salimos, igual en los carros de lámina, y nosotros íbamos callados, callados. Eran tres pick-ups. En una iban veinte personas, en otra veinte y en otra quince. Noso-

86

tros íbamos en la de quince, sentados, casi acostados, para que no se mirara desde afuera. Pasamos ahí como tres o cuatro horas. Nos bajaron en un lugar, porque había un retén adelante, y tuvimos que rodear caminando. Fueron como unos diez minutos y rápido. Rápido y callados. Rápido y callados. Nadie hablaba. Y si hablaban los callaban, les decían: que nos van a agarrar, que nos van a agarrar.

Nos volvimos a subir a las pick-ups y llegamos a un lugar donde nos subimos a un bus. Era en un pueblo, no sé dónde, se me olvidan los nombres. Nos subimos a ese bus para llegar a otro pueblo y ahí nos estaban esperando en otra camioneta y nos llevaron a la casa.

Va a haber un tiempo

En esa casa nos dieron de comer, descansamos un rato, nos bañamos, y después de eso, ya en la tarde, como a las seis de la tarde, el señor que iba con nosotros nos explicó cómo nos íbamos a ir. El señor nos dijo que iba a pasar un bus y que en ese bus nosotros íbamos a ir en la parte del equipaje, abajo. Entonces nosotros nos fuimos en el carro y, ya cuando estaba el bus en la parada, nosotros como que lo rodeamos, después de eso se metió primero la muchacha con el novio, se metió el señor, mi hermano y luego yo, yo fui el último. Íbamos cinco en ese espacio. Yo iba en la orilla de la puerta. El que nos metió en el equipaje nos dijo va a haber un tiempo que se les va a acabar el aire acondicionado, porque cada compartimento lleva aire acondicionado, por si llevan algo que se derrita, cosas así. Entonces a nosotros nos dijeron va a haber un tiempo en que se va a apagar la luz y se va a apagar el aire acondicionado, porque vamos a estar en la terminal donde van a recoger a las personas, y ahí no tienen que hablar nada nada nada. Y en la orilla, ahí cerca de la puerta, había un teléfono que comunicaba con el conductor, él me iba a avisar cuándo nos teníamos que bajar.

El autobús hizo una parada, nos quedamos callados, sin hacer nada de ruido. Yo estaba como asfixiándome, le tengo miedo a los espacios pequeños, necesitaba aire. De diez a quince minutos estuvimos parados ahí. Después de eso el bus siguió, siguió. Como dos horas y media o tres. Nosotros tratamos de dormir, pero no se podía. Íbamos hablando de qué iba a pasar, de cómo íbamos a cruzar la frontera. Ahí fue cuando nos conocimos bien. Luego nos habló el conductor y nos dijo que iba a hacer una parada, que iba a parar solo cinco minutos y que ahí teníamos que bajar. Paró, se bajó el que iba a abrir la puerta, abrieron las cortinas, nosotros nos bajamos, nos salimos rápido y así, pegaditos al bus, nos fuimos al carro que nos estaba esperando.

Ya estábamos en el DF.

Luego iban metiendo más personas

Nos dijeron que nos pusiéramos el abrigo porque iba a hacer mucho frío. Había otro carro esperándonos para llevarnos a otra casa, y en esa casa pasamos tres días, porque había mucho movimiento de migración y otras cosas. Ahí, como yo sé cocinar, hice sopa de pollo para todos. Ahí sí dormimos en cama, nos bañamos.

Al tercer día nos llegaron a traer en un carro y nos dijeron que nos iban a llevar en un tráiler a Monterrey. Nos recogió un carro y en medio de la carretera nos cambiamos a otro carro. Ese carro nos llevó a otra casa donde esperamos y ahí nos subimos al tráiler, a la parte de adelante. Ahí nos fuimos como dos horas. Íbamos más o menos cómodos, pero luego iban metiendo más personas, más personas, más personas, en la parte de adelante. Después de eso nos pasaron a otro tráiler, ahí sí en la parte de atrás.

Entonces nos subimos, primero íbamos como unas cincuenta o sesenta personas, en la parte de atrás, íbamos cómodos, ahí uno se podía acostar, se podía sentar. El tráiler en la caja llevaba unos muebles y de la mitad para acá llevaba las personas. Íbamos cómodos, nos podíamos mover con libertad. Ya después de eso paró el tráiler y se metieron como veinte personas más y después otra parada y otras veinte personas. Y así. En total íbamos como ciento cincuenta personas, íbamos todos encogidos, no podíamos ni respirar, yo no podía respirar, como soy gordito...

Hubo un tiempo en que ya no aguanté los pies, porque iba muy encogido, entonces me paré y le dije a mi hermano que se acostara en mi parte, que descansara. Yo me fui parado, y por el calor de nosotros, por el vapor, el techo sudaba y entonces con el frío de afuera hacía que cayeran gotas heladas. Yo trataba de recargar la cabeza para dormir y las gotas me levantaban.

Al lado iban unos mexicanos grandotes que iban hablando, gastando oxígeno, y entonces pensaron que éramos nosotros los que íbamos hablando. Y todos nos decían: cállense, cállense.

Nos habían dicho que iba a haber un tiempo en que cuando el tráiler se parara iba a hacer ruido dos veces con el motor, y que eso quería decir que iba a pasar por una caseta. Y que cuando hiciera ruido solo una vez era porque había policías, que los habían detenido.

Pasamos como doce horas o más en ese tráiler. Yo iba viendo la hora en el teléfono. Luego se empezó a bajar gente, iban dejando, dejando, por partes, y cuando ya no había casi nadie en la parte de atrás nos pasaron a la parte de adelante. Nosotros fuimos los últimos que se bajaron y nos dejaron en una gasolinera.

Ya ahí estábamos en Monterrey.

Háganse los dormidos

Después de ahí nos recogió un carro y nos llevó a una casa, donde había otro carro que nos llevó a una parada de buses especiales que nos iba a llevar de Monterrey a Reynosa. Ahí nos dijo el señor: miren, cuando ya lleven como una hora, hora y media de camino, el bus va a hacer una parada, van a pasar una cosa de migración. Cuando nos dijeron eso yo me asusté. Pero nos dijo que tal vez eso ya va a estar cerrado, que si por alguna cosa está abierto, que nos hagamos los dormidos y no nos va a pasar nada.

Entonces, cabal, como a las dos horas de camino pasamos un lugar donde estaba migración, pero estaba cerrado. Pero como a la media hora, adelante, nos pararon unos soldados. Igual nos dijeron que si nos paraban los soldados nos hiciéramos los dormidos y no nos iban a bajar. Pararon el camión y mi hermano sí venía dormido, el sí iba dormido de verdad. Entonces dijeron: los que llevan maleta abajo bájense que los vamos a revisar. Nosotros, como no llevábamos nada, no bajamos. Nos hicimos los dormidos y encendieron las lámparas para ver, pero no nos dijeron nada.

Seguimos, llegamos a la ciudad de Reynosa, ya como en la mañana, y ahí nos esperaba otro carro para llevarnos a la bodega. La bodega, así le dicen.

Íbamos suave, suave

Ya cuando estábamos en la bodega, estábamos como a cinco manzanas del río. Allí había bastantes personas. Llegaban, llegaban, se iban, llegaban, se iban, y nosotros dormíamos en el suelo. Ahí cuando te decían: hagan fila para comer, tenías que correr, agarrar tu plato, lavarlo, porque si no no comías.

Hacían dos viajes: uno en la mañana, en la madrugada, y otro en la noche. Ahí pasamos tres días también, en esa bodega. Estaban esperando más personas, porque nosotros nos íbamos a entregar a migración. Teníamos que entregarnos, porque si no había que caminar mucho, en el desierto, y yo tengo problemas de salud, aparte del sobrepeso, tengo el corazón más grande y me fatigo mucho. Entonces pudiera ser que no aguantara caminando mucho en el desierto.

En la mañana había un grupo de los que se iban a entregar a migración, entonces por la mañana del segundo día salieron como cuatro niños, una niña de cinco años y otro niño con su papá. Ellos se fueron en la madrugada, pero se fueron por una parte del río que es un poco menos honda pero que la corriente es más rápida. Entonces ellos iban caminando por el río y la corriente se llevó a la niña. La niña iba agarrada de la mano de un adulto, pero se le deslizó de las manos, se la llevó el río. Era una niña pequeñita, de cinco años, hondureña.

Luego llegó el jefe y nos preguntó: ¿quiénes son los que se van a entregar? Que levantaran la mano. Entonces nos dijo que teníamos que esperar otro día, porque íbamos a esperar que viniera otro grupo.

Al tercer día en la noche, salimos. Éramos una mamá, con un niño en brazos, dos niños de ocho y siete años, de Guatemala, que hablaban quiché,* y un papá con su niña. Caminamos a un lugar y ahí llevaban una balsa inflable. La inflaron ahí y la pusieron en el agua. Se subió primero el que la iba a manejar y se puso al frente. Luego nos subimos los demás. Iba yo, mi hermano, una señora que iba auxiliando, los dos niños pequeños y de último el papá con la niña.

Íbamos suave, suave, remando para no hacer ruido, porque nos decían que ahí también había cocodrilos. No sé si era verdad, yo no vi nada.

93

Iban remando suaves para no hacer ruido, porque también podían pasar los de migración.

Llegamos al otro lado del río, escalamos a donde había que subir y esperamos quince minutos, para que llegaran los de migración. Llegaron dos, en cuatrimoto, y nos fuimos con ellos, caminando.

Yo traía un cartoncito, de la tapa de una medicina, y ahí traía anotado el número de teléfono de mi mamá y el de su trabajo, para que la pudieran avisar.

LA CABUYA*

Enfrente está el río, el agua que corre fuerte, como si fuera una persona de mal carácter, muy enojada, muy mala. Todo el mundo tiene miedo y algunos tratan de organizar a los demás, de decir quiénes tienen que cruzar primero y quiénes después. Nos preguntan si sabemos nadar. Yo digo que más o menos, que a veces nadaba en el mar allá en mi pueblo, allá en Puerto Cortés. Mi prima está más preocupada, por su niña, la aprieta fuerte contra su pecho y se pone a mecerla según ella para calmarla, pero yo creo que la pone más nerviosa. La bebé llora y llora. Debe tener hambre o sueño.

—¿Cuánto tiene la niña? —le pregunta un hombre que lleva una linterna.

—Ocho meses —le contesta mi prima.

95

–¿Vienes sola? –le dice.

–Nomás con mi prima –responde, señalándome con la barbilla.

–¿Y el papá de la criatura? –le pregunta.

–Allá en Honduras –dice mi prima–, no quiso hacerse responsable, nunca le importó la niña.

De lejos se oyen los gritos de los que están atravesando el río. Empezó una muchacha que no podía cruzar porque era gordita. Aunque está oscuro, con la luz de la luna alcanzamos a verla. Se agarra fuerte de la cabuya pero se hunde porque está muy nerviosa.

–¡Ay ay ay ay ay ay! –grita la muchacha.

Grita que se va a ahogar y todos los demás se asustan y de pronto mucha gente se pone a gritar. Unos gritan del miedo y otros gritan para tratar de calmarlos. Otros gritan que si no paran de gritar los va a escuchar la gente de migración. Algunas personas en la orilla, viendo a los que gritan adentro del río, se ponen a llorar.

–No me quiero morir, no me quiero morir –repite un muchacho todo mojado, que se arrepintió cuando ya había entrado al río y se regresó de nuevo.

–Que Dios sea el que nos deje cruzar –le dice una señora para tratar de tranquilizarlo.

–El agua está helada –dice el muchacho mojado–, muy fría, muy fría –repite.

96

En medio del río dos hombres agarran a la muchacha gordita y la ayudan para que no se hunda. Poco a poco la muchacha se calma y la gente deja de gritar.

—Si se agarran bien de la cabuya no les va a pasar nada —le dice el hombre a mi prima.

—¿Yo cómo me voy a agarrar si llevo a la niña? —contesta mi prima.

El hombre se queda pensando. Otro dice que apaguen las linternas, que hay que ahorrar pilas para cuando estemos del otro lado del río. Nos quedamos más a oscuras, pero si te acostumbras a la luz de la luna sí se alcanza a ver un poco.

—¿Tú cuántos años tienes? —me pregunta el hombre.

—Trece —le digo—, ya voy a cumplir catorce.

Se queda pensando otra vez, como calculando mis fuerzas, y luego se va a hablar con otros hombres. Mi prima se pone a llorar y le dice llorando a la niña que no llore, que deje de llorar.

—Dale el pecho a la niña, niña —le dice una señora.

—No toma leche del pecho —le digo—, le da leche en polvo, pero ya no tenemos.

La señora no me hace caso.

—Dale el pecho a la niña, niña —dice de nuevo—, con eso se tranquiliza.

–No tengo leche, señora –le contesta mi prima, llorando–, el doctor me dijo que le diera leche en polvo porque no me bajaba la leche y la niña se quedaba con hambre.

El hombre regresa acompañado de otro, un mexicano. El que hablaba antes con nosotras es también hondureño.

–¿Ustedes con quién vienen? –pregunta el mexicano.

–Solas –dice mi prima.

–¿No vienen con guía? –dice el mexicano.

Le decimos que no.

–¿Y cómo llegaron hasta acá? –dice el hombre, el hondureño.

–Pues nomás así –le digo–, en el tren.

–¿Y adónde van?

–A Nueva York –dice mi prima, controlándose para dejar de llorar.

–Tenemos una tía que vive allá –digo yo–, una hermana de mi papá.

–¿Y cómo le van a hacer para llegar hasta allá? –dice el mexicano–. Sí saben que está muy lejos, ¿verdad?

–Pues nomás así –le digo, porque no tengo ni idea.

El mexicano mira el reloj.

–¿Qué horas son? –le pregunto.

–Van a ser las tres –contesta.

98

Los dos hombres se van de nuevo a hablar con el grupo que está tratando de organizar todo el relajo.

—Creo que me voy a morir —dice mi prima, apretando a la niña, que no deja de llorar.

Yo no le digo nada, porque yo también creo que me voy a morir. Escucho al río en la oscuridad que va muy fuerte, muy fuerte, como una persona muy enojada y muy mala. Los que están cruzando ya no se ven a la distancia, ya deben estar llegando al otro lado. Espero que no se los haya llevado el río.

—Dale el pecho a la niña, niña —le dice otra vez la señora a mi prima—, aunque no tengas leche, con eso se pondrá tranquila.

Mi prima la obedece, pero la niña no se agarra al pecho. Yo creo que ya está desacostumbrada, mi prima casi no le dio el pecho nunca.

—¿Qué edad tienes tú? —le pregunta la señora a mi prima.

—Diecisiete —dice mi prima.

—¿Y se vinieron así nomás solas? —dice la señora.

—Sí —contesta mi prima—, así nomás.

—¿Sus papás saben que están acá? —pregunta.

—No —le digo—, nos vinimos nomás así.

—Se escaparon, pues —dice la señora.

—Más o menos —dice mi prima—. Mi papá ya

murió, yo vivía nomás con mi mamá y mi mamá no tiene trabajo siempre. A veces lava ropa. Es muy difícil la situación. Yo quiero que mi hija tenga un nuevo futuro.

—¿Y tú? —me dice la señora—, ¿qué hacen tus papás?

—Nada —le digo.

—¿Nada?, ¿cómo nada? —dice.

—Bueno —digo—, mi papá es músico, toca la guitarra, pero no tiene nada estable. A veces le pagan por ir a una fiesta, o por tocar en un bar, y nosotros nos quedamos esperándolo para poder comer. Unas veces no viene. O no trae nada. A veces no tenemos qué comer.

—¿Qué música toca? —pregunta.

—La punta —digo.

—¿Toca bien? —dice.

—Sí —le digo.

—¿Te gusta bailar? —me pregunta.

—Sí —le digo—, mucho.

El hombre regresa donde nosotras. Otras personas empiezan a meterse al río, otras dicen que mejor se van a esperar, que a la mejor al ratito el río no está tan fuerte, tan enojado.

—Yo te la llevo —le dice el hombre a mi prima.

—¿Y cómo le vas a hacer? —se mete la señora.

—Me la voy a llevar en lo alto —dice el hombre—, con los brazos alzados.

100

—Se la va a llevar el río –dice la señora–, es muy peligroso. Además, si llevas a la niña en brazos, ¿tú cómo te vas a agarrar de la cabuya?

—Me van a ayudar –le contesta el hombre, y se pone de espaldas para no hacerle caso–. Si quieres que te la lleve –le dice a mi prima–, tiene que ser ahora, yo voy a cruzar ahora y hay otras personas que me pueden ayudar.

Mi prima se me queda viendo. Yo muevo la cabeza para decirle que sí.

—Gracias –le dice mi prima.

—Mejor me das las gracias cuando lleguemos al otro lado –dice el hombre–. No pueden llevar nada, ni mochilas ni nada, déjenlo todo aquí. Y quítense los zapatos.

Me agacho para quitarme los zapatos y luego mi prima me pasa a la niña para que la cargue mientras ella se quita los suyos. La niña ya no llora, creo que se ha cansado de llorar, tiene los ojos abiertos y aprieta las manitas como si tuviera dolor de barriga. Bosteza.

—No nos va a pasar nada –le digo a mi prima–, mira la buena suerte que tienes. ¿Qué necesidad tiene ese hombre de ayudarte? Podría dejarte aquí con la niña y preocuparse nomás por llegar él al otro lado.

—Es increíble –dice ella–, que la gente te ayude. Hubo un muchacho que conocimos en el tren

101

que nos ayudaba cada vez que se subían los mareros. Ellos querían que les pagáramos para dejarnos pasar y el muchacho nos ayudaba para que no pagáramos. Nos protegía. Quién sabe cómo le hacía o qué les decía. Nos ayudó muchísimo. Yo hasta pensé que mi prima le gustaba, pero ella me dijo que no tenía cabeza para pensar en novio. Y luego había toda esa gente al lado de las vías que te tiraba comida cuando pasabas. Burritos de arroz y frijoles. Y sándwiches.

Nos acercamos a la orilla del río y unas personas empiezan a entrar, en fila, agarrando la cabuya.

—¿Cuánto vamos a tardar? —le pregunta mi prima al hombre.

—Si vamos rápido unos quince minutos —contesta.

—Como mínimo se toma veinte minutos —se mete otra vez la señora.

Meto los pies en el agua y el frío me recorre todo el cuerpo: era verdad, el agua está helada. Nos vamos metiendo poco a poco, agarrados a la cabuya, yo adelante, mi prima atrás y luego el hombre con la niña en brazos, acompañado de otros dos hombres que lo ayudan, que lo llevan como cargando.

—Lo más importante es que no se pongan nerviosas —nos dice el hombre—. Tú no te preocupes por la niña, no le va a pasar nada –le dice a mi prima.

Seguimos caminado, el agua a las rodillas, en los muslos, en la barriga. Pronto ya no tocamos el fondo. El río nos empuja con fuerza, queriendo arrastrarnos, enojado. El frío nos entume las piernas, los brazos, cuesta trabajo mantener la respiración. A veces trago un poco de agua, pero no me suelto de la cabuya.

–¡No se suelten de la cabuya! –grita una persona–, ¡agárrense bien fuerte!

Unos empiezan a llorar. Otros gritan que no pueden, que se los va a llevar el río. Estamos en medio y ya no se puede ver la orilla. Pero yo miro para atrás y a la luz de la luna veo a la niña en lo alto, los brazos fuertes del hombre que la protege, la niña que atraviesa la frontera encima del agua.

ANTES Y DESPUÉS

La sopa

En la casa de mi abuela había una pata que acababa de tener dieciocho patitos y un pollo, porque mis hermanos y yo hicimos un experimento: le pusimos un huevo de gallina para que lo empollara y la pata no se dio cuenta. Tuvo un pollito que creía que era un pato, porque veía que todos sus hermanos eran patitos. Pero luego un día nos descuidamos y el perro más grande que teníamos se comió a la pata, que dejó huérfanos a los patitos y al pollo.

Eso fue antes de que mis hermanos se fueran a Estados Unidos. Primero se fue mi hermano mayor, luego me iba a ir yo con mi hermano menor, pero al final solo se pudo ir mi hermano y yo tuve que esperarme. Pero ya casi me voy a ir. Mi mamá nos lo prometió cuando se fue a Estados Unidos.

–No crean que los voy a olvidar –nos dijo–. Si no regreso, los mando traer.

Ahora solo falto yo. Estoy esperando que me manden llamar, mi abuela dice que será pronto y que cuando me llamen me va a preparar una comida especial para despedirme y que va a invitar a mis tías. Yo viví con mis tías antes de venir a vivir a la casa de mi abuela. Primero viví dos años con la esposa del hermano de mi mami, con la cuñada de mi mamá. Luego viví otro año con la hermana más pequeña de mi mami.

–Mami, ¿qué vas a preparar para la comida? –le pregunto a mi abuela, porque yo le digo mami a mi abuela. Y también le digo mami a mi mami, claro.

Pero ella no quiere contarme.

–Es una sorpresa –me dice.

A veces trato de imaginarme a mi mamá viviendo en Estados Unidos y ahora también a mis hermanos. Pero no puedo tanto, porque no sé cómo son las cosas allá. Me gustaría hacer como en unos comerciales de la televisión, que muestran el antes y el después de algo. Sale una persona que estaba muy gorda y luego de tomar unas pastillas aparece flaca. O alguien que no tenía pelo y ahora sí tiene. Cosas así. No sé cómo va a cambiar mi vida cuando me vaya a Estados Unidos, me gustaría mucho saber cómo voy a ser dentro de algunos años.

En la casa de mi abuela todos los animales andan sueltos, todos menos uno, un gallo al que mi abuela tiene enjaulado porque cuando ve personas extrañas entrar a la casa sale corriendo y los va a picar. Entonces una vez me picó dos veces y mi abuela decidió mantenerlo encerrado, de lo bravo que es. Hasta parece que fuera el perro de la casa, solo le falta ladrar.

—Ese gallo se parece a tu papá —me dice mi mami, quiero decir, mi abuela.

De mi papá casi no sé mucho. Solo sé que se fue. Yo sé nada más que está casado con otra mujer y que ahora cuida a sus hijastros y a uno o dos hijos que tiene. Vive en Guatemala, pero no sé dónde, tampoco sé qué hace. Él solo me venía a ver cuando era mi cumpleaños, aunque mi mamá le tenía que mandar dinero para que él me viniera a ver, si no él no venía.

Cuando mis hermanos todavía estaban aquí, lo que más nos gustaba hacer era explorar el cerro. Nos íbamos con mis dos primas y llevábamos sal y limón para comer frutas que cortábamos por ahí. Mangos verdes tiernos. Y jocotes* verdes también. No hacíamos muchas cosas más, solo ir a la escuela y estar en la casa. No podíamos comprar muchas cosas porque no teníamos dinero, apenas teníamos para sobrevivir.

Mi mami acá en Guatemala trabajaba como ayudante en un restaurante, pero no sé por qué cada vez que le pagaban siempre había unas personas que le quitaban el dinero, como que sabían en qué fecha le pagaban y la escoltaban. A veces ni se daba cuenta: cuando miraba su cartera ya solo traía los cordones y ya le habían cortado la bolsa.

Aquí en Guatemala no puedes tener muchos lujos porque la gente se da cuenta de que tienes comodidades y te piden multa. Aquí no se puede tener aretes, ni cadenas. Una vez mi mami me mandó aretes desde Estados Unidos y luego desaparecieron y nunca más volvieron a aparecer.

Mi mami ahora vive en Nueva York y ella ya se acompañó de otra persona y ya tuvo otros dos hijos con él. Antes vivía en Miami y trabajaba en un hotel, hasta que ahí conoció a este señor, que mi mami dice que cuando viva con ellos será mi padrastro. El padrastro también es de Guatemala y tiene dos hijos que viven aquí. Están juntos desde hace varios años y él es el que nos manda el dinero para mantenernos, porque mi mami no trabaja todo el tiempo.

El otro día que mis hermanos llamaron por teléfono yo les pregunté cómo era el padrastro. Dijeron que los trataba bien, pero que no los dejaba ver la televisión en español, que solo veían la tele en inglés para que aprendieran el idioma más rápido. Yo seguro que voy a aprender inglés rápido. En la escuela siempre tengo las notas más altas. Me encanta la escuela, sobre todo las matemáticas. Los profesores dicen que tengo algo en la cabeza que puedo entender los números rápido. Me gustaría ser contadora.

Mi sueño siempre ha sido estudiar, ser alguien grande, no así famoso, pero poder sobrevivir.

Mi abuela dice que mañana me voy. Que vendrá una señora a buscarme y que primero me voy a quedar unos días con ella hasta que se junte el grupo para salir. Dijo que me va a hacer la comida especial que me había prometido. Mandó llamar a mis tías y a mis primos para que vinieran a comer y para que me despidiera de ellos. Preparó una sopa que de veras estaba muy rica, con verduras, pollo y arroz. Ya en la noche, cuando estaba preparando mi mochila para el viaje, me di cuenta de que el gallo se había escapado. Miré bien pero el gallo no estaba en la jaula. Me di una vuelta alrededor de la casa pero tampoco encontré nada. Fui a buscar a mi abuela.

–Mami –le dije–, no encuentro al gallo.

Ella se rió un poquito antes de contestar.

–¿Ya buscaste en tu barriga? –me dijo.

Me acordé de la sopa y me puse a llorar.

La carta

Era cerca de Navidad el día que mi padrastro entró a la casa y me dio la carta. Me dijo que era una carta de la universidad. Mi mami también estaba ahí y se quedó esperando a que abriera el sobre. Yo todavía estoy en High School, pero voy a graduarme el año que entra.

–¿Qué esperas?, ¡ábrela! –me dijo mi mami.

Era una carta de Harvard donde me invitaban a visitar la universidad, para ver si me interesaba quedarme ahí. Ellos se pusieron muy contentos, aunque saben que no voy a poder estudiar allá, porque no tengo papeles y es muy caro y no tengo seguridad social para pedir becas. Mi mami me dijo que estaba muy orgullosa de todo mi esfuerzo. Yo quiero algo seguro, pero no tan caro.

Al High School fueron los de un college y pidieron hablar con las veinte personas con las notas más altas y escogieron a quince. Me preguntaron si quería empezar antes la universidad. Por eso ahora, además del High School, estudio unos días en el college. Estoy estudiando para doctora. Puedo seguir estudiando ahí o usar los créditos para estudiar en otro lugar. Si puedo sacar otros dos años me quedo como enfermera o puedo seguir para doctora en general o seguir adelante si me quiero especializar.

El día que recibí la carta íbamos a poner el árbol de Navidad. No era un árbol grande ni con muchas cosas, pero estaba bonito. Nosotros no podemos tener un árbol así como los de la televisión, somos pobres, pero pobres buenos. Cuando estábamos adornando el árbol me acordé de la casa hogar. Me habían agarrado al cruzar la frontera el 23 de diciembre y tuve que pasar mi primera Navidad en Estados Unidos en la hielera. Luego me mandaron a una casa hogar y ahí a veces nos sacaban a pasear. Después de la Navidad y antes del Año Nuevo salimos a ver casas. Fuimos a ver cómo estaban decoradas las casas. Agarraban una van y nos metían a varios y nos llevaban a pasear. Íbamos a los lugares donde había casas adornadas para la Navidad. Nos quedábamos en la van y las veíamos desde lejos: las luces, los adornos, las estatuas de Santa Clos y los renos. Yo veía las casas desde lejos y a veces me ponía triste de pensar que nunca iba a estar adentro de una casa así. Pero ahora estoy adentro y estoy feliz. Y espero que nadie me pueda sacar.

HASTA EL SOL DE HOY

Cuando yo desperté, yo estaba completamente sin ropa, con mucho dolor de cabeza, y hasta el sol de hoy sigo con dolor de cabeza. Dicen que tengo una fractura en el cerebro, me hicieron una radiografía y me salió como una rotura en el cráneo. Cada semana tengo cita con el neurólogo, me da medicina para controlar el dolor de cabeza.

Recogí mi ropa que estaba por ahí tirada y me vestí. Después, cuando llegué a mi casa, no le dije nada a mi mamá. Me quedé un año casi todos los días llorando, llorando por lo que me había sucedido. Mi mamá veía que yo me desmayaba mucho, que yo sufría dolor de cabeza, hasta se me caía el pelo de tanta tensión, casi no podía dormir, tenía pesadillas. Yo soñaba con esas personas. Hasta que un día me decidí y le conté a mi mamá lo que me había pasado, y le dije que yo ya no quería vivir más allí, que los que me habían hecho esas cosas malas me tenían amenazada. Mi mamá le contó a mi papá y entonces él decidió que yo me viniera de Honduras para acá, para Nueva York, donde él vivía desde el 2004. Fue en el mes de mayo de 2014. Yo pensé que la vida aquí es más segura y que no me iba a pasar nada malo, por eso fue que yo decidí venirme para acá.

Yo me vine en bus, y luego en México en el tren, en la Bestia, así es como le dicen al tren, y un día yo hasta me iba a caer del tren, yo me iba a caer de ahí pero gracias a Dios no pasó nada. Cuando íbamos en el tren había personas de buen corazón que nos regalaban agua, comida. Cuando el tren se paraba ellos iban y nos daban comida y agua. Sándwiches, agua. A veces nos daban pollo y tortillas. La gente con la que yo hice el viaje eran amables, nos reíamos, de cuando yo me iba a caer del tren, me iba a subir al vagón y casi me caigo y ellos se rieron, y yo también. Y también nos reíamos de cuando los zapatos se me abrieron, de tanto caminar los zapatos se me rompieron, de todo eso nosotros nos poníamos a reír.

No sé qué hubiera hecho sin ellos, me ayudaron mucho, me salvaron, no sé cómo le hicieron para salvarme, porque nos querían secuestrar, en México, unos maleantes nos dijeron que nos daban un día exacto para pagar la fianza, que si no pagábamos nos iban a volar cada uno de los deditos de la mano. Yo nunca esperé que me fueran a secuestrar, que me fueran a poner una pistola en la cabeza.

Cuando tomamos el tren en Veracruz, ahí se subieron los maleantes. Andaban con una pistola eléctrica, para dar toques. Eran como tres y había dos policías con ellos también. Los policías vieron que yo me desmayé, porque me había asustado, y no hicieron nada. Los policías estaban junto con los maleantes. Antes de que me desmayara, yo vi que uno de los maleantes le daba dinero a un policía. Nos dijeron que si no habíamos pagado una cuota no podíamos seguir en el tren. Dijimos que ya habíamos pagado la cuota. Pero nos bajaron y no nos dejaban subirnos. Eso fue en Orizaba. Nos bajaron del tren y dijeron que no nos iban a dejar seguir hasta confirmar que ya habíamos pagado. Fuimos a un hotel y ellos vinieron con nosotros, dos se quedaron ahí para que nadie se escapara. Y después uno de ellos me quiso agarrar para cobrar ese dinero que nosotros les debíamos. Dijo que yo le gustaba y quería que me vendieran a cambio. Uno de ellos me jaló y me pegó con la pistola en la cabeza. Al final no sé cómo le hicieron, si tuvieron que pagar más dinero, pero después nos dejaron ir y agarramos un autobús y nos fuimos al DF.

No sé si he tenido mala suerte de conocer gente tan mala, también en las hieleras había una oficial muy mala. Cuando migración me detuvo me mandaron a una hielera y luego me trasladaron a otra en Nogales, Arizona. Ahí solo me dieron un colchón verde y una sábana como de papel aluminio. Ay, pero tenían una oficial tan mala que me dijo que yo era una muerta de hambre. Solo porque yo agarré un jugo y una galleta de cacahuate, ella me dijo que yo era una muerta de hambre. Que todos los negros como yo éramos muertos de hambre. Que todos los negros que llegan ahí son muertos de hambre. Yo le contesté: yo soy negra con orgullo.

Luego cuando ya me mandaron con mi papá tenía que ir a corte para ver si podía quedarme o si me iban a deportar. Mi papá nunca me contó de aquí, de cómo era Estados Unidos, cómo vive la gente en Estados Unidos, solo me dijo que era trabajo y estudio, trabajo y estudio, trabajo y estudio. Mi papá es mecánico de buses y ahora está casado con otra señora y tiene otros hijos. Cuando fue a recogerme al aeropuerto no creía que era él, porque era tanta diferencia. Ya no lo reconocía.

116

En la corte me hacían muchas preguntas, querían saber cómo era mi vida allá en Honduras. Yo les conté que soy de una aldea que está a dos horas de San Pedro Sula, que allá vivía con mi mamá y con dos hermanos menores. Allá en Honduras terminé los doce grados de la escuela, es como terminar el High School, les dije. Que me gustaba ir a la escuela, yo era enfocada en los estudios.

Los fines de semana yo ayudaba a mi mamá. Vendíamos pan de coco en la playa. Íbamos por la playa vendiendo, llevábamos una pana, que es como una cesta que llevas en la cabeza. Allá en la aldea hay playa y hay muchos turistas de San Pedro Sula y de Tegucigalpa.

Les conté también que yo me vine de Honduras en el 2014, solo me acuerdo que fue en el mes de mayo, no me acuerdo exactamente en qué fecha fue cuando salí de allá. Tenía diecisiete años.

Y en la corte querían saber por qué me vine, cuál fue la razón para que yo me viniera a Estados Unidos. Tuve que contarles que pasaron tantas cosas allá en mi vida. Que abusaron de mí sexualmente, cuando yo venía de la escuela para mi casa. Yo estudiaba a una hora de la aldea donde vivía, y abusaron de mí cuando venía de la escuela, porque ese día se me había hecho tarde.

Yo volvía de la escuela a la aldea en autobús, pero ese día me tocó hacer un examen y salí tarde. Todo el mundo ya se había ido a sus casas, entonces yo tenía que caminar casi treinta minutos para agarrar el bus y era casi de noche, y yo sola, cruzando un aeropuerto abandonado, que ya no usan, cruzando eso, y ahí estaba esa gente mala esperándome. Eran tres personas, ellos me pegaron en la cabeza, que hasta el sol de hoy sufro dolor de cabeza, y después ya no supe nada más. Nunca había atravesado por ahí, lo hice porque era el camino más cerca para tomar el autobús para llegar a casa.

¿Qué crees que pasaría si regresaras a tu país?, me preguntaron en la corte. ¿Tienes miedo de regresar? Yo les dije que ahora no tengo tanto miedo como antes, que empecé a ir a la iglesia y hablé con la pastora y ella me dijo que olvidara todo lo que me había pasado, que yo empezara a perdonar a las personas que me hicieron eso. Entonces yo olvidé, poco a poco. Yo estaba yendo con la psicóloga, poco a poco fui olvidándome de eso. Pero en la corte querían saber si yo podría estar en peligro en caso de que me deportaran y tuviera que volver a vivir en Honduras. Y yo les dije que sí, que las personas malas que me hicieron eso me habían amenazado, me dijeron que si yo le contaba a alguien me iban a matar y que yo tenía terror de eso.

A esas personas yo no las había visto antes, pero, después de lo que pasó, a cada rato ellos estaban dando vueltas por la escuela y eso me daba más miedo. Cada vez, a la hora de la salida, cuando nosotros salíamos, ellos pasaban en un carro. Cada vez que yo salía temprano me metía directamente al autobús y veía que ellos pasaban. Cada vez que ellos pasaban yo me escondía debajo de las sillas del autobús. Yo reconocí el carro, la placa del carro, pero nunca di reporte a la policía. Nunca le dije nada a la policía porque yo tenía temor que, cuando ellos salieran de la cárcel, ellos me mataran y mataran a mis hermanos, a mi familia, porque ellos me dijeron que ellos sabían dónde vivía, por eso yo tenía tanto temor.

También les conté que a veces hablo con mis compañeras de Honduras por el Facebook. Me dicen que la semana pasada mataron a cuatro, en la aldea donde yo vivía. Que las cosas están igual, roban las casas, entran a las casas a robar. Eso siempre sucede, los ladrones entran a la casa cuando una está durmiendo, ponen como un polvo para dormir profundo y cuando una despierta la casa está vacía, como salón de baile.

En la corte aprobaron mi caso y ahora ya tengo mis papeles. Dentro de un tiempo podré tramitar la ciudadanía. Aquí me siento más segura, cuando yo camino por la calle me siento segura, sin temor de que va a venir gente mala a volverme a atacar. Lo único triste es que extraño mucho a mi familia. Mi mamá ahora está en el hospital, ella padece de anemia y ha estado en el hospital por más de dos meses. Ella padece del corazón y aquel día sufrió un paro, la volvieron a revivir en el hospital. Cuando hablé por teléfono con ella lo único que me dijo es que ella no se iba a ir de este mundo sin volverme a ver, que su último deseo era volverme a ver.

He estado estudiando inglés, pero me ha costado un poco de trabajo. Sobre todo por los dolores de cabeza, que hasta el sol de hoy la cabeza me sigue doliendo. Estuve aquí en el hospital Lincoln casi tres semanas internada por un gran dolor de cabeza. Pero ahora he mejorado con mi inglés y en septiembre voy a entrar a la universidad. Tengo que hacer cuatro años de *bachelor,* para ser abogada. Me siento feliz de que voy a ir a la universidad, eso es lo que siempre he anhelado, ser alguien en la vida, ser el ejemplo de mis hermanos.

Yo tuve un sueño.

Yo soñé que estaba defendiendo personas.

Yo era defensora de derechos humanos.

Yo varias veces he soñado con eso.

EPÍLOGO:
MIEDO. HUIDA. REFUGIADOS

Un mañana de verano de 2014, a pocos kilómetros de la estación de Arriaga en Chiapas, al sur de México, la Bestia, el tren que ha transportado decenas de miles de centroamericanos rumbo a la frontera de Estados Unidos, había descarrilado de nuevo. Aquella vez, al menos, sin lamentar daños personales. Mientras se reparaba el desaguisado, de entre los cientos de personas que esperaban impacientes para seguir camino, Gladys Chinoy, una niña guatemalteca de catorce años, tímida y educada, de gesto afable y maneras suaves, me pidió el teléfono para contactar con su madre, que esperaba esa llamada asustada en una cocina de Nueva York, y decirle que, pese a todo, estaba bien.

Después, me contó lo que cientos de menores han contado una y otra vez desde entonces a quienes les han preguntado. Que viajaba por una mezcla de motivos. Que huía de la violencia y la pobreza de Guatemala, en busca de mejores oportunidades en Estados Unidos. Que su madre, que llevaba años trabajando en el norte, la esperaba en Nueva York.

Fuera de la física, pocas cosas suceden por un solo motivo. A veces, ni en la física. El caso de Gladys no tenía por qué ser diferente. Gladys como una consecuencia del fracaso de Centroamérica. Gladys es una de entre los 189.000 menores centroamericanos que Estados Unidos cuenta como menores no acompañados que han llegado al país en los últimos cinco años. Para reunirse con un familiar. Porque huyen de la violencia rampante sea esta callejera, sexual o doméstica. De la extorsión y la corrupción que todo lo ahogan e impiden salir de la pobreza, de la falta de oportunidades de estudio y trabajo. En definitiva, de la catástrofe de sus países. Que es tanto como decir que huyen porque buscan una vida mejor.

Gladys tuvo suerte. Sé que llegó. Me envió un mensaje y se llamó a silencio. A su nueva vida.

La letra de la ley dice que los menores no acompañados que atraviesan sin permiso la frontera no pueden quedarse legalmente en el país. Estaban, en su búsqueda de una vida mejor, provocando una crisis migratoria, de papeles y residencia. La crisis de los que viven pero no son ciudadanos de pleno derecho. Decenas de miles de niños y niñas estaban a punto de convertirse de una u otra forma en *ilegales,* en futuros *ilegales,* en algún tipo de *ilegales* o de personas amenazadas con la *ilegalidad.* Esa categoría-hoyo, ese *no-lugar* que absorbe, tensa, condiciona, atemoriza a los ya atemorizados, limita, culpabiliza, complica, esconde, silencia, humilla, hiere a millones de personas en Estados Unidos y responde a un sistema para el que no todas las personas que residen en un lugar determinado tienen los mismos derechos. La categoría de los que limpian, trabajan, estudian y son, como nosotros, a veces felices, a veces infelices, entre y con nosotros pero sin ser reconocidos como ciudadanos dignos de los mismos derechos que aquellos que tenemos algo tan simple como un papel diferente. ¿Son refugiados? ¿Son migrantes? Narrativas con consecuencias. Serán lo que podamos y decidamos contar.

Para la mayor parte de ellos ese lugar y tiempo de presencia en Estados Unidos es un *no-lugar.* El limbo de un sistema judicial colapsado que, en algún futuro, llevará a la emisión de documentos de residencia legal –muchas veces, solo tras conseguir que se reconozca que son refugiados– o a una orden de deportación. Una expulsión que nadie aplicará a menos que caigan en una redada o cometan un delito o alguien los denuncie y la ley los condene. Que además, y en función de los casos, siga con que, una vez superada la mayoría de edad, su expediente caiga dentro de la cuota de personas que un año determinado Estados Unidos decide deportar de entre los millones de personas que ha mantenido bajo el yugo y la amenaza de esa deportación que ocurre tras perder o no presentarse ante sus causas judiciales. Un *no-lugar* que dura, para muchos, largos años.

Para ellos, que huyen de América Central, esa situación, ese *no-lugar*, es suficiente. La supuesta crisis migratoria que provocan en la narrativa de quienes los reciben es la esperanza de una vida mejor que la que tendrían de quedarse viviendo en la crisis de la que huyen. Es difícil que uno se equivoque sobre aquello que tanto le concierne, aquello por lo que está dispuesto a jugárselo todo. Que atravesando México sin papeles es jugarse hasta la vida.

Según datos para 2017 de la Oficina de Reubicación de Refugiados de los Estados Unidos, el 90% de los menores no acompañados son enviados con familiares en Estados Unidos tras un período medio de 41 días en detención. El 96% de todos los niños transferidos de las autoridades fronterizas a la Oficina de Reubicación de Refugiados de los Estados Unidos son centroamericanos. No han cometido delito. Pero son detenidos. Piden refugio y reunificación familiar. Son liberados con un papel en la mano. Una citación para que la justicia decida sobre su estatus. El que les situará, durante varios años, en ese *no-lugar* al borde de la ilegalidad.

Gladys utilizaba la palabra huida. Que quiere decir miedo. El miedo nace de una amenaza que se siente real. El miedo, nazca de donde nazca, es real. El miedo existe. Tuvieron miedo. Por eso huyeron. Salieron del Triángulo Norte de América Central. Los países de los que huyeron, Guatemala, Honduras, El Salvador, sufren una crisis estructural de miedo y falta de oportunidades. Muestran, como carta de presentación, las mayores tasas de homicidio del mundo en el que se registran los homicidios. Incluso más que algunos que viven en guerra abierta. Honduras y El Salvador, seguidos a poca distancia de Guatemala, países que nadie considera en guerra, registran índices de homicidios de entre 40 y 91 por cada 100.000 habitantes. Hay ciudades como San Pedro Sula, en Honduras, donde la cifra ha llegado a subir a más de 100. San Salvador ha llegado a 97 homicidios por cada 100.000 habitantes. En

San Pedro Sula o San Salvador han llegado a morir más personas asesinadas en un año que en Kabul o Bagdad. No mueren 50 personas en la explosión de un coche bomba. Pero mueren 50 personas asesinadas en tres o cuatro días. En un solo fin de semana. Una a una o de cinco en cinco. Según la Organización Mundial de la Salud las cifras de las principales ciudades centroamericanas multiplican hasta por diez lo que en salud pública se denomina epidemia. El índice español es de 0,47 por cada 100.000 habitantes.

En América Central hay feminicidio. Ese homicidio contra una mujer por el hecho de serlo que suele ir acompañado de violencia sexual extrema e indescriptible. Un miembro de una pandilla señala a una niña como posesión deseada y a esa niña le quedan dos opciones: la violación grupal con tortura y seguida de muerte segura o la huida. Hay desaparecidos y desaparecidas. Por una miríada de motivos. Sin cadáver no hay delito. El Salvador y Honduras son inmensas fosas comunes. Guatemala también. Esas fosas rebosan desde sus guerras civiles de los setenta y los ochenta. Nadie sabe cuántas. Cada día emerge una nueva. Hay miles.

El primer informe que trataba de explicar el porqué de esa huida masiva de América Central, publicado en 2014, cuando comenzó a hablarse de que la cifra de menores no acompañados que llegaba a los Estados Unidos estaba triplicándose, lo firmaba el Alto Comisionado de Naciones Unidas para los Refugiados. No era casual que fuera esa institución y no otra. Llevaban años siguiendo el problema real, el que responde a la pregunta de fondo sobre el concepto de refugio. Un problema que solo acaparó portadas cuando llamó a las puertas, las fronteras, del mundo que sí importa. Del nuestro, el que marca la agenda y las narrativas. Los expertos de ACNUR habían realizado 404 entrevistas a una muestra representativa de estos menores. Sus conclusiones fueron claras. El 58 % de los niños entrevistados habían sido desplazados por la violencia y cumplían los requisitos para ser reconocidos como refugiados. En el caso del El Salvador, esa cifra aumentaba hasta el 72 % de los entrevistados. El 21 % de los niños hablaba de violencia intrafamiliar. Ningún motivo excluye a los demás. La media de niños que señalaba realizar viaje por motivos de reunificación familiar, cruzada con las demás cifras, asciende al 38 %. Nada sucede por un solo motivo. ¿Son refugiados? Puede que sí y no solo. Y eso deja la toma de decisiones al albur de las narrativas y las decisiones políticas.

El barómetro de las Américas realizado cada año por la Universidad Vanderbilt descubrió que, en 2017, más de la mitad de los habitantes del Triángulo Norte tenía miedo a morir asesinado y no usaba el transporte público por temor. El transporte público es uno de los lugares más peligrosos, allí donde tienen lugar gran parte de los asesinatos. Algunas cifras son aún peores. Muestran más miedo. El mismo informe señala que el 70 % de los padres prohíben a sus hijos jugar en la calle. Que el 60 % de los adultos evita salir solo a la calle. Que en torno a la mitad evita comprar determinados productos por miedo a la violencia que atraen. Que casi el 40 % de los habitantes de Honduras y El Salvador ha considerado abandonar el país por miedo a morir. Y que esa cifra se ha multiplicado por cuatro desde que se preguntó por ella por primera vez en 2010.

En El Salvador, en 2014, por lo menos 135.000 personas, el 2,1 % de la población, habían sido forzadas a abandonar sus hogares, la gran mayoría por las extorsiones de las pandillas y la violencia, según cifras de la ONU. Esa cifra equivale a más del doble del porcentaje de desplazados por la brutal guerra civil de Colombia.

En Honduras, la Relatoría Especial de los Derechos Humanos de Naciones Unidas cifraba el número de personas desplazadas por la violencia, también debido a la violencia generada por las pandillas, en al menos 170.000 personas, al tiempo que reconocía que la cifra podía ser mucho mayor debido a la falta de registros fiables.

Y ese miedo, esa violencia, ese desplazamiento, esa impotencia, se instala en un contexto de desconfianza hacia las autoridades de sus países, aquellos que tienen el deber de protegerlos. El mismo barómetro de la Universidad Vanderbilt señala que el 12 % de los habitantes de la región ha tenido que pagar *mordidas* a la policía el año anterior a que el estudio les preguntase. Que la mitad de la población no tiene ninguna confianza en sus instituciones. Ni en el gobierno, ni en la policía, ni en la administración local, ni en los políticos. Peor aún, mucho peor, el 68 % declara no tener confianza interpersonal en sus vecinos. Esas son las cifras del miedo. Aderezadas con las de la impunidad. En 2015, el entonces fiscal general de Honduras, Luis Alberto Rubí, explicó en su rendición de cuentas ante el Congreso que el 91 % de los homicidios denunciados en el país nunca llegaba a juicio. La justicia no está ni se la espera.

El miedo no actúa solo. Tiene aliados. Huyeron, junto al miedo, por falta de oportunidades. La situación económica de la región es desastrosa. Con ella, todos los indicadores relacionados. En Guatemala, entre el 46 % y el 55 % de los menores de cinco años, según el año, sufre desnutrición crónica. Mala alimentación y hambre. Si se observa solo la cifra en la población rural, indígena, la desnutrición aumenta al 80% de los niños. Huyen, también, del hambre. En Honduras, la cifra de desnutrición infantil crónica es mejor que en Guatemala, «solo» el 25% de los menores de cinco está desnutrido. Pero el sistema educativo está quebrado. En 2013 solo el 5% de las escuelas habían ofrecido las horas lectivas necesarias para completar un curso debido a huelgas de maestros que dejan de ir a trabajar porque no reciben sus salarios en un país quebrado. El 31% de los menores de dieciséis años ya ha dejado de estudiar y trabaja. En el campo, esa cifra aumenta hasta el 68%. Más del 60% de la población vive en la pobreza. Solo uno de cada cuatro niños termina la secundaria. Solo el 7% de la población llega a la universidad. En El Salvador, la economía está tan quebrada y relacionada con la emigración a Estados Unidos que el 16% de todo el ingreso nacional bruto corresponde a las remesas familiares que los migrantes envían a casa cada mes. Este círculo de dependencia destructiva está enraizado en la estructura mental, económica y de seguridad de América Central tanto como lo están los millones de centroamericanos que viven en Estados Unidos o los millones de dólares en ayuda policial y militar a gobiernos incapaces que la administración de Estados Unidos envía cada año desde hace décadas para que todo siga igual. Huyeron de todo eso, y, según gran parte de los expertos –al menos de los que siguen el derecho internacional–, cuando se impone el miedo y el fracaso del Estado impide que éste cumpla con su deber de proteger, quienes huyen son refugiados. Lo son se reconozca o no su condición de refugiados. Según el Alto Comisionado de Naciones Unidas para los Refugiados, entre 2010 y 2015 el incremento del número de solicitudes de asilo presentadas en todo el mundo, que es decir en Estados Unidos y México, por personas de El Salvador, Honduras y Guatemala ha sido del 1.487%. Y la cifra no cesa de aumentar. En 2017, el secretario general de Amnistía Internacional, Shalil Shetty, me dijo durante una entrevista que no le cabía duda de que nos encontrábamos ante una crisis de refugiados: «Que no huyan de la guerra no significa que no huyan de condiciones similares a las de la guerra.»

¿Dónde está la crisis entonces? ¿En el lugar que recibe o en el que expulsa? ¿En las decisiones de quienes la nombran en sus relatos y la sitúan de un lado u otro de esta o aquella frontera?

En el centro de toda esa violencia, del fracaso del Estado, que solo avanza en sus políticas de seguridad, y que si avanza es solo por el lado del gasto, que no de los resultados, están las pandillas. Un producto de transformación y exportación estadounidense hacia América Central.

Honduras, Guatemala y El Salvador exportaron refugiados hacia el norte. Desde los años sesenta, el flujo de jóvenes que huía de una región en guerra era constante. La guerrilla se levantaba contra gobiernos y ejércitos apoyados por los Estados Unidos en su lucha global contra la expansión del marxismo. Quien no quería luchar, se iba. Muchos huían de una guerra para llegar a otra, la que ya peleaban en Los Ángeles las pandillas callejeras. En Estados Unidos algunos miles de esos jóvenes y sus descendientes que huían buscaron identidad y protección en las pandillas. Se formaron en la escuela del crimen. Solo para ser devueltos a sus países de origen a exportar lo que habían aprendido en Estados Unidos.

Las pandillas Barrio 18 y Mara Salvatrucha (MS-13) nacieron en Estados Unidos, no en América Central. Desde los años setenta del siglo pasado, los migrantes centroamericanos en Estados Unidos, sobre todo en California, comenzaron a agruparse de manera informal para protegerse de la violencia generada por las pandillas mexicanas y negras. Para generar violencia ellas mismas. Creando sus propias pandillas. Esas pandillas, la 13 y la 18, perfeccionadas en las calles y cárceles de Los Ángeles, llegaron a convertirse en un problema de seguridad pública. Fue en los años noventa, durante la administración de Bill Clinton, que alguien tuvo la idea de deportar a esos criminales a lugares que no estaban preparados para asimilarlos de vuelta. A sociedades débiles y frágiles que salían de sus propias guerras civiles, que tampoco sabían combatirlos y en las que sobraban las armas y los excombatientes. Comenzaron a llegar a Tegucigalpa, San Salvador y Guatemala unos jóvenes solos, sin familia ni, muchas veces, vínculos sociales con los países que habían abandonado cuando niños. Que hablaban inglés. Estaban conectados. Traían rutinas, necesidades, experiencia en el crimen. Nadie les ofreció alternativas. Instituyeron gradualmente el miedo, que se extendió allí donde nadie más gobernaba. Por ejemplo, en los albergues de niños huérfanos con los que nadie sabía ni quería hacer nada tras el devastador huracán Mitch en la Honduras de 1998 y 1999. Las pandillas se convirtieron en familia, barrio, organización, identidad. Y se extendieron cual metástasis hasta provocar el fallo generalizado de las sociedades en las que se enquistaron.

Hace décadas que las calles centroamericanas no son de sus habitantes civiles, de sus policías o de sus ejércitos. Por mucho que las patrullen con

133

vehículos y armas de guerra. Son de grupos de adolescentes, de pandillas, que controlan los barrios cuadra a cuadra, calle a calle, esquina a esquina, frontera invisible a frontera visible, voluntad a voluntad, vida a vida, cual organizaciones totalitarias, criminales, extremadamente violentas. Hay masacres. Hay asesinatos de hombres jóvenes por reclutamiento forzoso para esas mismas pandillas y enfrentamiento entre las pandillas callejeras y de las pandillas contra la policía y el ejército. Hay escuadrones policiales de limpieza social. Hay tráfico de drogas, peleas por los inmensos beneficios que dejan las rutas por las que discurren las drogas de nuestros ocios que, ilegales, llegan a un precio tan alto que merece la violencia que les genera a ellos. A los centroamericanos. Hay homicidios relacionados con los pagos de extorsiones exigidas por las pandillas, otra epidemia generalizada y que afecta a casi cada comerciante, desde el taxi hasta la pequeña tienda de alimentación, pasando por los vendedores callejeros o las distribuidoras multinacionales de refrescos. A la pandilla hay que pagarle renta, a veces, hasta por vivir en tu propia casa si no quieres perderla. La pandilla y su violencia es un drenaje constante, por todos sabido, mil veces denunciado, explicado, reporteado, violento, opresivo y extenuante de todas las posibilidades de vida y trabajo.

134

En América Central, Estados débiles, extenuados, fallidos, corruptos, el ciudadano es un recurso del que extraer, lo haga una pandilla, lo haga la policía, el ejército o la política, a través de la mejor optimización posible del crimen, para quedarse con todo aquello que pueda tener algún valor. Su dinero, su información, su trabajo extenuado, la posibilidad de elegir un modelo de zapatillas o un tinte de pelo, sexualidad o voto se convierte en el beneficio de unos pocos. En último extremo, se lleva la vida de quien no se deje. De quien no resulte funcional a un modelo basado en el extractivismo de todo por todos los que pueden extraer contra todos los que no pueden defenderse. Basado en el vaciamiento por un puñado de dólares, quetzales o lempiras de toda identidad, posibilidad, esperanza de aquellos que no quieren o no pueden usar la violencia para defenderse.

La pandilla es un actor no estatal que ejerce su poder controlando territorio. Son suyas las calles, los cuerpos, las mentes de sociedades marcadas por el oír, ver y callar de su control total. En países como El Salvador, Guatemala y Honduras las pandillas disponen de un amplio control territorial, de carácter cuasi totalitario, especialmente en zonas urbanas. Ese control territorial en permanente disputa es la base de su existencia porque es desde ese lugar que desarrollan sus actividades criminales, especialmente extorsión, narcomenudeo y control de la zona frente al posible ingreso de grupos rivales con los que nadie querrá compartir beneficios.

La población que vive en la zona controlada por la pandilla queda bajo control de la organización en el sentido más estricto. Para desarrollar las actividades a las que se dedica la pandilla, es vital el reclutamiento de miembros, habitualmente hombres jóvenes, muchas veces desde que son niños. Y la connivencia, ya sea voluntaria u obligada, de gran parte de los habitantes del lugar. La pandilla controla físicamente el movimiento, la entrada y salida de la zona que controla. Esas zonas varían y pueden cambiar con relativa velocidad. No existen mapas que puedan definir de manera estable las fronteras entre territorios de control. Vivir en una zona controlada por una pandilla y trabajar en una zona controlada por otra pandilla, mantener relaciones con personas de un barrio rival o acudir a un centro educativo en otra parte de la ciudad, puede conllevar una amenaza o represalia reales por parte de la pandilla. La muerte. Además, establece reglas de comportamiento para quienes viven en ella que van desde limitaciones horarias hasta reglas de conducta, pasando, en ocasiones extremas, por la apariencia física de los habitantes del barrio, impidiendo la presencia de ciertos números, letras y colores. Es necesario señalar que, sea cierto o no, los rumores corren libres por las calles y generan impacto. Ejemplos como las reglas supuestamente impuestas que limitarían hasta el color del tinte para el cabello que las mujeres pueden utilizar o establecerían toques de queda y zonas de acceso prohibido han sido ampliamente reconocidos y documentados.

La pandilla es una organización armada formal y permanente con una estructura vertical pero que muta rápidamente de ejecutores. Siempre hay reclutas. Se incorporan jóvenes, caen presos o mueren cuando aún son jóvenes. Se agrupa en clicas, que son grupos de afinidad de tamaño variable con un líder reconocido y que se definen en función del territorio al que están adscritas. Las clicas se relacionan entre sí y se coordinan más allá de la unidad territorial más pequeña que controlan, que puede partir de varias calles de un barrio y abarcar uno o varios barrios. Una misma pandilla se relaciona y coordina entre barrios y ciudades de un mismo país, especialmente en el caso de la MS-13 o Mara Salvatrucha, aunque sin excluir a Barrio 18, con los Estados Unidos. De San Salvador a Guatemala, de Guatemala a Long Island. De Los Ángeles a Tegucigalpa y San Pedro Sula.

Las pandillas, originalmente dos, ya son docenas. «Revolucionarios», «Chirizos», «El Combo de los que no se deja», los «Mao Mao», la «Raza» o el «Desorden». Agrupan a 10.000 miembros en Honduras, o a 36.000, según la fuente que se consulte. A 70.000 miembros en El Salvador. Nadie sabe a ciencia cierta. Decenas de miles y creciendo. Se pelean, mutan, se alían, se fraccionan. Negocian, matan, extorsionan, secuestran y trafican, compran votos e intervienen en política. Las pandillas son, hoy, las calles de América Central. Y al menos 190.000 menores de edad han decidido huir de ellas en los últimos cinco años rumbo a Estados Unidos. Han hecho estallar la agenda migratoria. Aquí es imposible que la historia se repita como farsa. Ya es tragedia. Está por ver si alguien asume como suya la resolución de una crisis de refugiados que permita que decenas de miles de niños centroamericanos logren cumplir su sueño de vivir mejor. De vivir.

ALBERTO ARCE

LOS PROTAGONISTAS

Nicole («¿Dónde están tus hijos?» y «Prefiero morirme en el camino») nació en Guatemala en 2004. Emigró a los Estados Unidos en 2014, cuando tenía diez años. Actualmente vive con su madre, su padrastro y sus hermanos en el Valle de San Fernando, California.

Kimberly («Voy a dormir un ratito yo») nació en El Salvador en el año 2000. Emigró a los Estados Unidos cuando tenía catorce años, en 2014. Actualmente vive con su madre, su padrastro y sus hermanos en Nueva York.

Santiago y Daniel («El otro lado es el otro lado» y «Cómo nos íbamos a ir») nacieron en El Salvador en 1999 y 2004, respectivamente. Emigraron juntos a los Estados Unidos en 2014, cuando tenían quince y diez años. Actualmente viven con su madre en Nueva York.

Dylan («Era como algodón, pero cuando lo toqué era puro hielo») nació en El Salvador en 2004. Emigró a los Estados Unidos en 2014, cuando tenía diez años. Actualmente vive con su madre, su padrastro y su hermano en Los Ángeles, California.

Alejandro («Allí hay culebras») nació en Guatemala en 1996. Emigró a los Estados Unidos cuando tenía quince años, en 2012. Actualmente vive con su tío en Nueva York.

Miguel Ángel («Él y yo nos caíamos muy bien») nació en El Salvador en 1997. Emigró a los Estados Unidos en 2014, cuando tenía diecisiete años. Actualmente vive con su tío en Nueva York.

Kayla («La cabuya») nació en Honduras en 2001. Emigró junto con su prima y su sobrina de ocho meses en 2014, cuando tenía trece años. Actualmente vive con sus tíos, sus primos y su sobrina en Nueva York.

Mariana («Antes y después») nació en Guatemala en 1997. Emigró a los Estados Unidos en 2011, cuando tenía catorce años. Actualmente vive con su madre, su padrastro y sus hermanos en Nueva York.

Abril («Hasta el sol de hoy») nació en Honduras en 1997. Emigró a los Estados Unidos en el 2014, cuando tenía diecisiete años. Actualmente vive con una familia de acogida en Nueva York.

GLOSARIO

ahuevar: intimidar, asustar.

bolado: tarea escolar, pero también recado, paquete.

cabuya: fibra de la pita con que se fabrican cuerdas y
  tejidos.
cantón: división administrativa local.
chero: amigo.
chivazo: donnadie.
chunches: cosas.
cura: aquello con lo que se tapa una herida.

dar paja: contar cualquier cosa, mentir.
desvergue: conflicto, enfrentamiento.

escuadra: pistola.

143

federales: policía federal mexicana.
fierro: arma, pistola.

gangas: españolización del término inglés *gang.* Se refiere a las pandillas o maras.

ir san vergón: mostrarse indiferente, como si la cosa no fuera con uno.

jaina: novia de un pandillero.
jocote: fruta ácida común en América Central.

marero: miembro de la mara, la pandilla.
migración: policía migratoria.

nana: madre.

poste: miembro de la pandilla que vigila las entradas del barrio.
pupusa: tortilla de harina rellena, típica de El Salvador.

quiché: idioma originario del centro y el norte de Guatemala.

socado: aquel que, aun sabiendo que lo llaman, hace como que no lo ha oído.

tira: policía.

vergazo: golpe. Gran cantidad de algo.

144

AGRADECIMIENTOS

El autor desea agradecer a las siguientes personas y organizaciones sin las cuales la escritura de este libro habría resultado imposible: Ana Puente, Tessie Borden, Rebecca Sosa, Valeria Luiselli, Eve Stotland, Amy Joseph, Lorilei Williams, Joanna Furmanska, Andrew Craycroft, CARECEN Los Angeles y The Door. El autor también agradece la asesoría lingüística de César Fagoaga y Carlos Cañas Dinarte en el relato «El otro lado es el otro lado».

ÍNDICE